おぢば案内図

昭和7年

この地図は、昭和7年発行の「おぢば案内図」（天理図書館蔵）を参考に製作したもの。同図には「昭和七年十一月十日現在」とあり、幸之助氏が見た風景を追ううえで、刻々と変わるおぢばを記録した貴重な資料といえる。

南北に走るのは国鉄（現在のJR、当時は省線と呼ばれた）桜井線。丹波市駅の北側に天理教専用側線があり、団参や献木の受け入れに使われた。材木置場、製材所が併設され、ここからトロッコ用の軌道が東へと敷かれ、鉋工場、工作場へと続いている。

地図中、主に信者詰所は太字（ゴシック体）で記した。教会本部の関連施設は建物全体に網をかけた。

なお、本文中に、この地図の一部を拡大し、掲載している箇所がある。

幸之助氏の天理訪問ルート

午前の見学（詳細は第3章）

①駅から神殿への参道と周辺の教団施設
②教会本部の境内敷地
③神殿（現在の北礼拝場）
④教祖殿の建築風景
⑤お墓地（教祖墓地と信者墓地）

午後の見学（詳細は第5章）

⑥旧制天理中学校
⑦天理外国語学校、天理図書館
⑧天理教校
⑨製材所

命知と天理

青年実業家・松下幸之助は何を見たのか

住原則也
Sumihara Noriya

道友社

命知と天理

青年実業家・松下幸之助は何を見たのか

もくじ

第2章 起業から昭和7年までの松下電器——「通念」に基づく経営の時代 75

第3章 初めて親里を歩く(午前) 117

第4章　教祖中山みきの足跡と初期教団の歩み　181

第5章　初めて親里を歩く（午後）　225

装丁……渡部百泰

はじめに

本書を手にされた方には、ぜひとも、本書を著した主な目的とともに、読み進めるうえで必要な予備知識を持っていただくために、多少長くなりますが、この「はじめに」に目を通していただきたいと思います。

「激動の20世紀」の日本を代表する経営者は誰かと問われれば、やはり松下幸之助（１８９４－１９８９）と答える人は少なくないでしょう。まさに20世紀を通して、何より戦前・戦後という全く異なる環境で強い光を放ち続けた経営者は、幸之助氏以外に思い浮かびません。

20世紀初めの大正７年（１９１８年）、若干23歳にして、一切の支援もなく、わずかな資金と身内だけで起業し、昭和20年（１９４５年）の終戦時には２万７千人近い従業員を抱えるまでの大きな成功を収めます。しかも、敗戦により会社も自身も大きな打撃を被りながら、戦後さらに大きく発展し、「経営の神様」と呼ばれるほど、広く日本企業のお手本になったことはよく知られています。
また、戦後には「PHP研究所」を設立し、そして84歳にして私財を投じて「松下政経塾」を創設するなど、一般実業家の枠をはるかに超えて活動しつづけ、国内外の数多（あまた）の人々に影響を与えたことも周知の通りです。時代を超え、幅広く老若男女から尊敬を受けるに値する人物だということは、言うまでもないでしょう。

その幸之助氏が37歳のとき、いまだ会社規模も千人程度であった昭和7年（1932年）3月のある日、仕事上の知人で天理教信者でもあった「U氏」という人物に連れられて、初めて天理を訪問しました。朝8時から夕暮れまで10時間近くにわたって、「親里（おやさと）」と呼ばれる天理教教会本部の各所を巡り、全国各地から寄り集った多数の信者の勇み立つ姿を見、同時に神殿、教祖殿、教祖墓地、学校、図書館、製材所など、当時の教団の主要施設を、U氏の詳しい説明を聞きながら見て回ったのです。

これがきっかけとなり、その後広く知られるようになった「産業人としての真使命」を確立しました。そして、その内容を同年5月5日に全社員を集めて演説し、絶大なる共感を得たこの日をもって、松下電器の「第1回創業記念日」としたのです。

社名が松下電器からパナソニックへと変更された現在も、その日が「創業記念日」であることに変わりはありません。

そして、この昭和7年は「命知元年」（使命を知った年）とさえ称されています。本書のタイトルにある「命知」とは、このことに拠っています。実際の創業は、その約14年前の大正7年（1918年）3月7日であったにもかかわらず、真に生まれた日は昭和7年5月5日であると定めているのです。これはどういうわけでしょうか。

この転機については、幸之助氏の唯一の自叙伝『私の行き方 考え方』の第3篇第6章「命知と創業記念日」に詳しく書かれています（74ページコラム参照）。その中で、昭和7年以前を「母の胎内にあったいわゆる胎児時代」とし、同年5月5日を「呱々の声をあげ、世に罷り出た」日とも表現して、自ら峻別しているのです。

このことは、幸之助氏が戦後何度も自ら語り、また自身が設立したPHP研究所発行の刊行物でもしばしばふれています。さらに、氏に関する幾多の伝記や、研究書・論文においても、経営者としての重要なターニングポイントであったと記されており、幸之助氏と天理教との接点は、明白な事実として知られてきました。

さらに、幸之助氏自身が戦後、天理教の代表者に語った言葉も、出版物として残っています。天理教関係者と幸之助氏との直接的な接点を示す、極めて貴重な文献として以下に引用しておきます。

それは、天理教教祖・中山みきの玄孫（げんそん）に当たる中山善衞（ぜんえ）・三代真柱（しんばしら）（１９３２－２０１４、真柱とは天理教の統理者）が、青年時代の昭和35年（１９６０年）12月14日に、松下幸之助氏と大阪のホテルで対談し、その記録は、まず天理教青年会の定期刊行物『あらきとうりよう』（季刊）の第42号（昭和36年1月発行）の88ページから95ページにかけて掲載されました。また、それと同じ内容が、『僕のインタビュー』（昭和37年、道友社刊）というタイトルの本にも収載されています。この対談の中で、当時66歳の幸之助氏の口から、

私はその時分、ちょうど昭和七年でしたが、あなたの方の本部へ行ったんです。天理教の信者の方で、私にも信仰せえと言うてつれて行ってくれたわけです。それで朝早くから行ったんですが、その時、ちょうど教祖殿の普請の最中で、大勢ひのきしんをしておられました。（中略）それで、その教祖殿を建てるためにい

ろんな材木が要りますね。その材木が各方面から献木がある。その献木を処理するための製材所もありましたが、それも見せていただきました。その時に、私はそういう一連の姿を見て非常に感銘を深くしましてね、天理教の盛んな繁栄と言いますか、建設の事業の上に、非常に力強いものを感じたんですよ。それで私は、そこから一つの使命観というものを感じまして、それがその後の松下電器の経営に非常にプラスし、発展に非常に大きな作用をしていると私は思います。

という発言があり、続けて、

（中略）まあそれ迄は、金儲けするためとか、出世するためとか、また生活のためという点、いわゆる世間一般の通念に基づいて努力してきたわけです。ところが、天理教のそういう姿を見て、今迄のように、単にそういう商売人なら商売人、事業なら事業という通念に基づいてそれをするのではいかんと、これはもっと強い強い使命観というものがわれわれの仕事にもあるべきであって、その使命観に立脚して仕事をすべきであるという、そういう強い信念ができたわけです。（中略）つまり天理教のあの非常に盛んな教団の動きと言いますか、それを見なかったら、私は商売人の単なる通念での活動の範囲に止(とど)まって、平凡な一町工場というものに終わっていたかも分かりませんね。

と語っている。

さらに言えば、三代真柱の父である、中山正善(しょうぜん)・二代真柱（教祖の曽孫：１９０５－１９６７）と、戦前からの交流があったことも示す幸之助氏の寄稿文が、教団の月刊誌『みちのとも』昭和43年2月号に掲載されています。その号は「二代真柱追悼号」で、201ページから202ページにかけて、当時、松下電器会長であった幸之助氏が、「人生の大道を実践」というタイトルの追悼文として寄稿したものです。その中に、

私は戦前から真柱の信念と人柄に魅(み)せられ、今日まで親しくさせていただいたが、その間教えられるところ大なるものがあった。

と書かれているばかりか、その後の文章にも、幸之助氏から見えていた二代真柱の姿、「平生飾り気なくむしろ朴訥(ぼくとつ)温容で、物事に淡々とした性格」といった、直接に接することがなければ知り得ない人物像が記されています。このような私的な交流を通じて、天理教関連の話も、幸之助氏は耳にしていたことは想像に難(かた)くありません。

これほど明確に発言記録や寄稿文が残されているのなら、なぜ今ごろ、ことさらに一冊の本にして世に出すのか、すでに語り尽くされた事実を少し言い換えて述べるだけではないのか、という疑問が出てきます。筆者自身、松下幸之助氏と天理教の接点を耳にして、すでに30年以上になりますが、まさかそのことを本にする日が来るとは、つい数年前まで夢にも思いませんでした。

では、どうして本書を書いておくべきと思うに至ったのか、軽はずみな思いつきからではないことを、読者の皆さんにも知っていただきたいと思います。

まず筆者は、文化人類学という分野を専攻し、その分野でも、特に経営人類学を専門として、ささやかに研究生活を送ってきました。これが、本書の執筆に関わる基礎的な背景としてあります。つまり、企業経営をはじめとする経営に関する人類学的研究を進める一環として、すでに1990年代から、「松下資料館」という松下幸之助生誕百年を記念して設立（1994年）された施設にも、研究者仲間とともに訪問する機会があり、その後、PHP研究所の研究員の方々とも交流する機会がありました。

こうしたなか、本書をまとめる直接のきっかけになったのは、「松下幸之助が天理で何を感じ取ったのか知りたい」という人々が時折、天理を訪問され、筆者が説明担当を依頼されることが十数年前からあったことによります。ほかに案内する候補者がいなかった、という程度の理由であったと思われます。当初は気楽に引き受けていましたが、説明やレクチャーの回数が増え、質問を受ける機会が増えるたびに、ありきたりの準備では取り組めないと自覚するようになりました。おのずと、幸之助氏と天理教の接点が書かれている、目につく限りの文献を読みあさりました。また、先に紹介した幸之助氏自身による唯一の自叙伝『私の行き方 考え方』などを熟読し、氏のおおよその足跡を頭に入れました。そのような作業をしている間も、筆者自ら何かを書き残そうなどと思っていたわけではありません。既存の知識を得るだけで十分でした。このような時期に、本書の発行所である道友社から、幸之助氏関連の執筆依頼を受けることもありましたが、お断りしていたことも事実です。

しかし、そのような作業を数年にわたって断続的に行い、かなりの知識が身についたころ、ある疑問が湧いてきました。その一つは、天理教サイド、あるいは天理教をある程度知る人による、幸之助氏と天理教の接点についてふれた書き物がほぼ無いという事実でした。それがゆえに、もう一つ感じたことは、両者の接点を語る既存のどの文献も、学術的研究者の著作の中でさえ、天理教の姿とその歴史、基本的な教え、また何よりも教祖中山みきの足跡など、幸之助氏が耳にしていたはずの内容には一切言及されていないということでした。

幸之助氏が天理教教会本部を時間をかけて視察したという歴史上の事実は、よく知られていながらも、天理教そのものへの言及は、いわば〝ブラックボックス〟として、つまり内部がどのようなものであるのかふれられないままに放置されてきたことが、はっきりと分かってきました。天理教のことがある程度書かれている本の場合でも、幸之助氏自身が自叙伝で書いている立派な建物群、奉仕する多くの信者の姿など、天理教の当時の盛況ぶりと現在の本部の風景を表層的になぞったものがほとんどでした。見る限り、たいていの先行の出版物では、天理の盛況な風景を見て感じた幸之助氏の熱い思いにのみ重きが置かれ、一方、その熱い思いが形成される源泉となったはずの、教祖中山みきの足跡とその教えを含む天理教の中身について、多少でも踏み込もうとした文献は見当たりませんでした。もし教祖や教理の基本、また教団の歴史について、ある程度の知識があれば、幸之助氏と天理の関係には、従来語られてきたこと以上の含蓄がありそうだとして、新たな景色が見えてくるはずです。

筆者は、天理教を代表して語るような立場になく、本書は、そのような意図のものではありません。しかし、偶然ながらも、松下幸之助という歴史的人物の足跡について、本人の講演録や世に出ている文献上の知識と、天理教の教理や歴史についての双方を、ある程度知る立場として、先述した〝ブラックボックス〟の中身に少しは光を当てられるのではないか、そして双方のバランスを取るべきではないかと思うようになりました。

筆者の知る限り、たしかに幸之助氏自身「天理教の教えについてはあまり知らない」と随所に語っています。それを疑うわけではないにせよ、少なくとも天理の見学を通じて、一つひとつ訪問した施設についての知識は相当程度得たであろうことは、自叙伝の記述内容からもうかがい知ることができます。さらに、教祖中山みきの足跡や教えについても、幸之助氏は、かねて一般的に語られてきた以上のことを知っていたはずであるとの推測は、十分に成り立つと筆者は確信しています。なぜなら、幸之助氏と天理教の接点で、本書で紹介する内容は、天理教について特に深く専門的に勉強しなければ分からないほど高度な知識ではなく、信者と自認する者なら、尋ねられれば、おおよそ説明できるような基本的情報がほとんどだからです。ましてや、昭和7年に幸之助氏を案内したのは、しつこいほど熱心に誘った信者の「U氏」であり、U氏に導かれて、大人が普通に歩くだけなら2時間もあれば見て回れる行程を、途中、幾度も立ち止まっては観察し、質問し、U氏の懇切丁寧な説明を受けつつ、10時間近くかけて巡っているのです。ちなみに「U氏」という人物は、松下電器の取引先で、長年の信頼関係があった人のようで、幸之助氏の自叙伝にはU氏とのみ書かれていますが、いまだに本名は不明です。

幸之助氏は『私の行き方 考え方』の中で、

U氏は第一歩より丁寧に説明を加えつつ案内してくれた。私は今までに西本願寺にも、また東本願寺にも、またその他の宗教本山にも数多くお参りしたことがあるが、どこへお参りしてもさほど深い関心をもったことはなかったのである。

しかし、その日は十分見聞しようと思っていたのか、非常な意気込みで同氏の話す一言一句にも深い関心がはらわれた。

と書いている通り、幸之助氏本人も大いに耳を傾けて巡った一日であったわけです。幸之助氏に熱心に入信することを勧めたU氏が、この10時間近くの間に、教祖中山みきの足跡や教えの基本、天理教の組織などについて語らなかったとは想像することもできません。むしろ、教祖とその教え、そして聖地「ぢば」こそが、ぜひとも幸之助氏に知ってもらいたかったことに違いありません。U氏でなくとも熱心な信者であれば、当時の巨大な建物群などの隆盛ぶりに、幸之助氏が見て驚くだけで満足するというような、普通の観光ガイド程度の案内であったはずはないでしょう。むしろ、その盛況がどのような理由によるものかを、語り伝えることに本意があったはずで、「おやさま」と敬意と親しみを込めて呼ばれる教祖中山みきについて、滔々（とうとう）と熱弁を振るったことは間違いないと思われます。それこそが、若き日の幸之助氏を天理に誘った目的であったはずです。

片や、新進気鋭の青年実業家・松下幸之助ほどの人物が、いま目の前にしている、嬉々として勇んで奉仕する何千何万という群衆と、さらに当時、全国各地に数百万人という信者を抱える教団組織について、何の質問もせずに、ただぼんやりと、U氏の話を聞いていただけなどと想像するほうがむしろ不自然です。

昭和初期の日本の人口は、およそ7千万人で、現在の半数程度だったようです。そのうちの数百万人が天理教信者であったというのですから、その存在感は決して小さくはなかったと思われます。仏教や神道以外の新興の宗教団体の数がまだ少なかった戦前当時、なかでも新宗教で最大規模の信者数を有していた天理教のことは、幸之助氏も訪問前からうわさには聞いていたはずです。その数百万人を束ねる組織とはどのようなものか、経営者の視点から興味を持ったとしても不思議ではありません。

以降の本文で詳しい説明を加えていますが、昭和7年（1932年）3月といえば、その前年に開始された「昭和普請」の名で知られる、天理教史に残る大規模な建設ラッシュのさなかにあり、「ひのきしん」という普請への奉仕活動の参加者だけでも、この3月に限って言えば、約10万人が全国各地から入れ代わり立ち代わり集まってきたことが記録されています。「ひのきしん」以外の参拝者も多数いたことは、当時の写真からも明らかです。幸之助氏も、特別な祭典日でもなさそうな日に、この大群集はどういうことかと驚いたはずです。そのような、他所では見られない超日常的な現場の真っただ中で、幸之助氏はU氏の説明に耳を傾けていたわけです。それまではよく知らなかった宗教であっても、詳しい文書を読まなくとも、目で見て耳から聞くだけで、かなりの基礎情報は得られるものです。むしろ、まず耳学問から始まるのが普通であり、教えのポイントも分かりやすく、疑問があれば、すぐに質問することができます。ましてや、「同氏の話す一言一句にも深い関心がはらわれた」と幸之助氏自身が自叙伝に書いているほどの強い印象を受けたというのです。

このようなことから、幸之助氏と天理教との接点について、従来の説明ではまだまだ不十分であると筆者は考えるに至りました。その欠落を多少でも埋めていくのが、本書の主たる目的の一つです。

欠落を埋めるための第一歩として、これまでほぼ指摘されることのなかった諸点を、あくまで「推論」として提示し、その根拠を示そうと考えました。しかし、決して拙速に「断定」しているわけではありません。全く根拠の無い「憶測」でしかないことを無責任に書き並べるような勇気は、筆者にはありません。と同時に、自叙伝や、これまでの諸文献に記されてきた内容をもって、天理教と幸之助氏の接点がすべて言い尽くされたとは、どうしても思えないというのも正直なところです。

本書を読んでいただければ、教祖中山みきの足跡と、天理教の姿や歴史を多少でも知る人なら、筆者が書いていることが、天理教と、天理訪問後の松下電器あるいは松下幸之助氏との「類似」の諸点として、いくつか浮かび上がってくることを、突拍子もない、見当違いな指摘であるとは思われないはずです。

これ以上の理由説明は不要かもしれませんが、仮に幸之助氏との関係が他の宗教団体であったとしても、筆者はほぼ同じような姿勢で、その宗教と幸之助氏との接点について、さらなる考究が必要ではないかと提起する自信はあります。かつて２０１４年に、筆者は『経営と宗教――メタ理念の諸相』（東方出版）という論文集を編著者としてまとめたことがあります。産業界と宗教界という全く異なる業界の垣根を越えた関係性に、もう少し光を当ててもよいのではないか、という趣旨の提起を行ったものです。そのような背景から、天理教と松下幸之助氏との接点についても、これまで見られなかった指摘を残しておくべきではないかと考えた次第です。

信者であるなしにかかわらず、宗教の姿が、それを見た企業経営者に何らかのヒントを与えることはあると思います。とりわけ本書の主要テーマは、天理教と幸之助氏との接点において、特定の宗教的価値観と企業経営者の価値観という、精神的で抽象的な関係性というよりも、むしろ宗教教団の組織と一般企業の組織の間の「類似性」という、より具体的な領域での関係性を扱っており、それこそが、これまでにほぼ指摘されることのなかった「類似」として見て取ることができるのではないかと筆者は考えています。幸之助氏は自叙伝の中で、天理の見学を終えて、「一糸乱れざるその経営、経営といってはあるいはあてはまらぬかもしれないが」と自ら正しながらも、「すぐれた経営だ、実にすぐれた経営だ」と、感嘆の言葉さえ残しています。天理の地で、宗教的精神性以外の、より具体的な領域で、経営へのヒントを感じ取っていたと思われるのです。

以上が、本書を世に問うてみるべきと決断した理由です。

本書の構成について

本書では、まず次の第1章において、天理教と幸之助氏の接点について、従来知られていること、つまりそれは「産業人の真使命」を悟ったと幸之助氏が語る、精神性の側面について確認していきます。そのうえで、これまで指摘されることがなかったものの、昭和7年以降の戦前期の松下電器の経営・運営に導入された制度や社内慣習の中に、天理教の具体的な組織の姿と「類似」した点がいくつかあることを指摘し、それらはどのようなものであるのか、概略をまとめています。第1章を読んでいただくことで、本書のおおよその論点、つまり天理教と松下電器の間の「類似」とその根拠の概要をつかむことができるはずです。そして、より詳細な説明を、以降の各章で順次行っていきます。

これに関連して、本書のもう一つの重要な目的は、昭和7年3月の、幸之助氏の初めての天理訪問の足跡を、できるだけ丹念にたどることにあります。見学のルートは、幸之助氏の自叙伝『私の行き方 考え方』をよく読めば、容易に特定することができます。本書では、見学ルートをたどりながら、幸之助氏が目にし、自叙伝でふれている天理の情景や諸施設が、一つひとつどのような性格のものであったのかを、歴史を繙（ひもと）きながら詳しく説明していますが、その説明内容こそが、先行文献に見られなかったところであり、両者の「類似」として浮かび上がってくる重要な諸点になります。
同時にまた、天理に多少でも興味を持つ人であれば、本書により、激動の明治・大正時代を経た後の昭和初期の天理教の客観的な姿を知ることができると思います。考えてみれば、幸之助氏の自叙伝とは、教外者による、昭和初期の天理教の一面を知る貴重な記録になっているとも言えるでしょう。

第2章では、初の天理訪問を果たすまでの松下幸之助氏の足跡の概略をまとめています。その内容も、主に幸之助氏の自叙伝を参考にしており、どのようないきさつから天理を訪問することになったかが分かるはずです。

第3章では、昭和7年3月の天理訪問日の、午前中に見て回ったルートに沿って詳しい説明を加えていきます。午前中のルートの中に、教祖殿や教祖の墓地が出てくることもあり、第4章では、教祖中山みきの足跡について簡単にまとめてみました。案内したU氏も、間違いなく教祖について熱く語ったはずです。
そして第5章では、天理訪問日の午後の見学ルートに沿って説明していきます。第6章では、「戦後の展開」として、天理教の教えの基本と、幸之助氏の講演や著作物に見られる「類似」の諸点について、現時点で筆者の目にふれる限りのものを紹介しています。最後に第7章では、天理訪問後に策定された松下電器の「経営理念」が、いかに独自性に富むものであったのかを、筆者の考察に基づいてまとめてみました。

読者には、底冷えの冬がようやく緩んだ昭和7年3月の某日、三寒四温を特徴とする早春の奈良盆地の東寄りの地で、U氏とともに信者の群衆にまぎれ、目線をあちこちに投げながら颯爽（さっそう）と歩んでいる37歳の青年実業家の傍らを、そっと一緒に歩いているような感覚で、各章を読んでいただければと思います。

第1章
天理教と松下電器の「類似」

松下幸之助氏、および氏が創業社長であった松下電器にとって、初めて天理を訪問した昭和7年（1932年）が「命知元年」（真使命を知った年）とされ、特に同年5月5日が「第1回創業記念日」であり、その日を境として、それまでを「通念」の時代、その日以降を「真使命」の時代と大きく分けていることは、すでに指摘した通りです。

本章では、天理教と幸之助氏との関わりについて、従来指摘されなかった諸点を、天理教の姿との「類似性」というキーワードに基づき、その概要を示していきます。ただし、本章において、そのような「類似」の諸点を示すことで、幸之助氏が天理教から学んだというような、軽々しい断定を行っているわけではありません。そもそも「類似」する諸点があるとしても、その理由には、いくつかの可能性があります。列挙すれば、

（1）類似があったとしても、全くの偶然である。

（2）以前からアイデアあるいは知識は持っていたが、天理訪問を通じて、価値を再認識して採用した。

（3）天理教の姿を見て、初めて学んだ。

おおよそ、この三つの可能性が考えられます。

本章で以下に述べる具体的な「類似」の諸点が、それぞれ（1）～（3）のどれに当てはまるのかは、何一つ特定も断定もしていません。すべてが（1）、つまり全くの「偶然」であるという見方を否定しているわけでもありません。しかし、一定の根拠をもった「推論」としての見解は披露しているつもりです。また「類似」といっても、全く同じということではないわけですから、「類似」とともに「相違」も、筆者の知る限りの範囲で指摘したいと思います。

それでは以下、具体的に、これまでに何が指摘され、何が指摘されなかったのか、その概略を説明していきます。指摘されなかった事柄の中には、当時の日本の産業界の中でも前例が無かったような、極めて斬新な制度や慣習も見られることなどがあり、詳しくは第2章以下、本書全体に目を通して「推論」の詳しい根拠を確認してください。

指摘されてきた唯一の点（断定されてきたこと）

自叙伝『私の行き方 考え方』に書き残された記述などから短く整理すれば、松下幸之助氏は、大正時代の起業以来、事業を発展させてきたが、昭和初期の厳しい不況の時代にあっても、むしろ天理教の本部では全国から数多くの信者が集い、嬉々（きき）として「ひのきしん」という名の奉仕活動に励み、自前の製材所すら備えて、壮大な神殿などが建築されていた。この姿を目の当たりにして衝撃を受け、産業界にいる自分と何が違うのだろうかと熟慮したとき、自身はそれまでの一般的な商習慣、氏の言葉では「通念」に基づいてのみ事業を行ってきたが、一方、天理教には強い「使命観」というものがあり、それが人の態度や行動に決定的な違いをつくりだしていると悟り、一般的な事業もまた、強い「使命観」を持つことが必要であることを学んだ、ということである。そして感得した自身の使命観とは、見渡せば世の中にはまだまだ貧しい人々が多く、「四百四病の病より貧ほどつらいものはない」という諺（ことわざ）もあるように、貧乏はつらいものであるが、もし産業界が生産活動を通じて、ちょうど水道水のように、人が作ったものでありながら潤沢に無尽蔵に供給することができれば安い価格となり、貧しい人でも手にすることができる。これは、いわば「貧乏を克服」することであり、それこそ産業人として目指すべき「真使命」ではないかというのである（後年、この考えは「水道哲学」の名で広く知られるようになった）。幸之助氏によれば、「宗教道徳の精神的な安定と、物資の無尽蔵な供給とが相まって、はじめて人生の幸福が安定する」とし、宗教と産業は、いわば「両輪」となって広く社会の人々を幸福にできるのだから、産業もまた宗教に負けない「聖なる経営」である、と結論づけた。

このようにしてたどりついた境地を、昭和7年5月5日午前10時、大阪中央電気倶楽部の講堂に、全店員（168人）を招集して演説し、さらに250年を「使命到達期間」と定めて発表している。この発表を聞いた全員が非常な感銘を受け、老いも若きも一人ひとり壇上に立って次々と感激の所感を述べ、いつの間にか夕刻6時になっており、最後は全員で陛下および日本に万歳三唱し、社歌を歌って閉幕したという。その光景は「自分がかつて味わったこともなし、また目撃したこともない熱狂ぶり」であったと幸之助氏は記している。

この、使命観を共有した熱狂の日、昭和7年5月5日を「千古に変わらざる記念すべき日」として、「第1回創業記念日」と明記し、また「命知元年」と定めて、次の年から、命知2年、命知3年、と数えてゆくことにしたという。

指摘されてこなかったこと（「類似」の諸点）

昭和7年5月5日（「第1回創業記念日」）以降、松下電器は拠点を大阪市内から市外にある現在の門真（かどま）市へ移し、会社も事業規模も急拡大していくが、その過程において、近代の日本企業一般の歴史上でも珍しいほどの、さまざまな経営上の「新機軸」（と幸之助氏が呼ぶ仕組みや社内慣習など）を次々に導入している。それらは奇遇にも、松下電器と天理教との間にある、かなりの数の「類似」の諸点と見なすこともできるものだが、ほとんど全く指摘されてこなかった点でもある。それら類似点は、時系列に並べれば次項のようになる。また、類似しながらも「相違」もあり、それも含めている。天理教を知らない読者にとれば、まさに知らないことばかりであろう。しかし、少し知ろうとすれば、複雑で理解し難（がた）い内容ではないこと、本章の概要説明と次章以下の詳しい解説で、容易に理解していただけるはずである。

「類似」の諸点の項目一覧

1、昭和7年5月、松下電器の「（社会の）貧乏の克服を産業人の使命とすること」と、教祖中山みきの「谷底せりあげ」「一に百姓たすけたい」との類似と相違

2、昭和7年5月、松下電器の「目標達成に期間を区切ること」と、天理教の10年ごとの「教祖年祭（おやさまねんさい）」活動、期間を区切っての祈願、などとの類似と相違

3、昭和7年6月に復刊した松下電器の『歩一会（ほいちかい）会誌』（月刊）および昭和9年12月から『松下電器所内新聞』の発行と、天理教の月刊誌『みちのとも』（明治24年創刊）および週刊紙『天理時報』（昭和5年創刊）との類似

4、昭和8年・10年の松下電器の「事業部制・分社制」（独立採算制）と、天理教の組織：本部－大教会－分教会（独立採算制）との類似

5、昭和8年5月からの松下電器内での「朝会・夕会」の開始と、天理教神殿での「朝勤（あさづとめ）・夕勤（ゆうづとめ）」との類似

6、昭和9年・11年の松下電器の「社内教育機関の設置」と、天理教による教育機関「天理教校」「(旧制)天理中学校」「天理外国語学校」などとの類似

7、昭和13年の高野山における「松下電器墓所の設立」と、教祖墓地(豊田山墓地)との類似

8、昭和15年「松下病院の設立」と、天理教による病院「天理よろづ相談所」(昭和12年、開設認可を得る)との類似

9、戦後の展開における、松下幸之助氏の考え方と天理教教祖の教えに見る類似と相違

前記の8項目までは、戦前の「類似」する諸点であり、項目9だけが戦後の展開になります。戦後、幸之助氏が社会教育者のような立場でPHP運動を起こし、さまざまな見解を多くの著作を通じて世に出しています。筆者は、その全貌(ぜんぼう)をつかんでいるわけではないので、現時点で目につく限り、教祖中山みきの教えと「類似」していると思われる諸点を第6章で扱いたいと思います。

幸之助氏は、さまざまの宗教関係者と交流していたので、天理教との接点は、あくまでその一つに過ぎませんが、教祖中山みきの教えと類似していると思われるところを指摘することはできます。幸之助氏は、学者や研究者といった立場ではないので、著作において、自らの考えのどれがオリジナルで、どれが他者からヒントを得たものかなどを明確にしているとは言い難い面もあり、それが幸之助氏を研究するうえでの困難さにつながっていると思います。戦後の松下幸之助氏の研究についても、膨大な文献がありますが、果たして宗教との関連をメインテーマにした研究があるのかどうか、筆者は寡聞にして知りません。天理教以外の諸宗教との関係もまた、多くは〝ブラックボックス〟に入れられたままです。

また、前記の「類似」する諸点の項目8の「病院の設立」については、幸之助氏の天理訪問時との関連では、自叙伝『私の行き方 考え方』においても一切ふれられていないために、本章でのみ「類似点」としての指摘と若干の説明を施すに留め、あとの章では扱っていません。

以下、順に簡単に「類似」の項目を概説しますが、詳しい説明は、次章以下の各章で扱います。

1、昭和7年5月「（社会の）貧乏の克服を使命とすること」

幸之助氏が発想し社員と共有した「産業人の真使命」とは、水道水のように製品を潤沢に安価で世間へ供給して「貧乏を克服」することにある（のちに「水道哲学」の名で知られる）としたが、まず貧者をたすけたいという思いは、教祖中山みきにおいても、親神・天理王命の天啓を受け、「神のやしろ」に定まった天保9年（1838年）から強く望んでいたことである。それは「谷底せりあげ」「一に百姓たすけたい」（当時の最貧困者、社会の底辺で苦しむ人々を、まずたすけ上げる）という教祖の思いとして、広く信者に知られてきた。ただし、重要な相違点としては、あらゆる物資は親神からの「与え」であり、その価値の尊さを説いたとしても、教祖中山みきの主たるたすけの思いは、物の豊かさに重きを置くものではなく、むしろ心のたすかりを重視している。物質による「貧乏の克服」を強調したのは、幸之助氏独自の発想であるといえる。（第4章で詳述）

2、昭和7年5月「目標達成に期間を区切ること」

この「貧乏の克服」という産業人の「使命」を達成するために、幸之助氏は「使命到達期間」として250年を設定している。さらに、その250年を10節に分割して、1節を25年とし、それをさらに3期に分け、第1期10年を「建設時代」、第2期10年を「活動時代」、第3期の5年を「貢献時代」とした。

このような「期間を区切っての伸展のあり方」は、天理教においては、教祖が明治20年（1887年）に現身をかくして以降、10年ごとに執り行われる「教祖年祭」（たとえば10年祭、20年祭、30年祭など）に向けて重点目標を設定し、全教挙げての活動として取り組んできた歴史がある。これを天理教では「年祭活動」と呼んでいる。漫然と年月を過ごすのではなく、10年ごとの「年祭」を「節」あるいは「旬」と捉え、「世界一れつ陽気ぐらし世界の実現」という使命達成に向けて布教を展開するのみならず、そのために必要な建造物なども建設してきた。つまり、期間を仕切って、目標の完遂を目指していたさなかの活気ある様子を、幸之助氏は目撃したのである。

相違点としては、天理教の場合は、陽気ぐらし世界建設の使命達成のために、具体的な年数設定はされていないので、「250年」というのは幸之助氏の全くのオリジナルであるが、幸之助氏が昭和7年に天理で見た「盛況ぶり」は、「教祖50年祭」を4年後に控えた、教祖殿と南礼拝場などの大々的な建設を「年祭活動」の一つの取り組みとするものであった。つまり、それまでの「教祖年祭」でも、最大級ともいえる「年祭活動」のさなかで目撃し、その年祭の意味合いについても耳にしたはずである。

（第4章で詳述）

3、昭和7年6月に復刊した『歩一会会誌』と昭和9年12月からの『松下電器所内新聞』の発行

松下電器の出版物に目を転じても、すでに昭和2年に『松下電器月報』を創刊しているが、それは販売店向けの対外的な商品情報誌やカタログであった。しかし、全社員向けに強いメッセージを込めた社内定期刊行物を発行するという点においても、天理訪問後の動きとしてタイミング的に符合するところがある。松下電器では昭和7年

6月、つまり第1回創業記念日（同年5月5日）の翌月から、『歩一会会誌』という月刊誌を毎月欠かさず終戦時まで十数年続けて発行している。そこには、社長である松下幸之助氏のメッセージをはじめ、社内の動き、またサークル活動のような各種文化活動などについても記されている。戦後に刊行された幸之助氏の唯一の自叙伝『私の行き方 考え方』も、この『歩一会会誌』上に連載された記事を元にしたものである。

実は、この会誌の創刊号は昭和2年12月にはすでに出されていたそうであるが、それは、1回きりの発行で途絶えたばかりか、筆者の知る限り、そもそも創刊号自体が現存せず、パナソニック本社社史室（現・歴史文化コミュニケーション室）にも保存されていないと聞く。そして同会誌は、昭和7年6月に第2号として復刊されて以降、毎月欠けることなく終戦時まで続いたのである。

また、昭和9年12月25日には、『松下電器所内新聞』も創刊され、月1回発行されるようになった。まだ社員が2千人程度の年である。そして戦後も継続発行された。『歩一会会誌』も、また『松下電器所内新聞』の創刊も、次のような理由で天理との「類似」する点として指摘できる。

天理教は、通信事情の不便な明治時代から、月刊の教団機関誌として『みちのとも』（創刊時は漢字で「道の友」）が明治24年（1891年）12月28日に創刊され、本部からの伝達事項などが掲載されてきた。本誌は、昭和初期当時はおろか、21世紀の現在に至るまで途絶えることなく発行されている。ちなみに、日本の出版界でも、同一タイトルで現在まで継続発行されている最長寿の月刊誌の一つであるという。

一方、『松下電器所内新聞』との関連では、天理教は昭和5年（1930年）10月18日、天理図書館の開館と同時に週刊紙『天理時報』を創刊、現在に至るまで文書伝道の要となっている。

昭和7年に天理を訪問した幸之助氏にも、このことは当然知らされたはずである。案内したU氏も、口頭だけで説明できないような教団の活動内容を、そのような機関誌・紙を見せて、紙面の写真などを指し示した可能性さえある。昭和初期といえども通信手段がまだ限られていた当時、幸之助氏が、全国津々浦々の下部組織への伝達手段として、定期刊行物が有効に機能していることを知ったであろうことは想像に難(かた)くない。（第5章で詳述）

4、昭和8年・10年「事業部制・分社制」（独立採算制）

幸之助氏は、「命知元年」翌年の昭和8年（1933年）に、それまで拠点を置いた大阪市内から郊外の門真市へ、本社も工場も移転して事業を拡大した。そして、その年から「事業部制」（昭和10年には株式会社になって「分社制」という名称）を開始している。これは、各事業部が経営的・経済的にも独立した会社のように、独立採算制で自己責任を負うものであり、日本企業の歴史上、初の試みと評価されるほど画期的な経営方法として知られている。自叙伝『私の行き方 考え方』には、すでに昭和2年（1927年）に新分野である電熱器部門を創設した折に、「計画と方針」だけは社主である幸之助氏から指示を出し、あとは本社と独立して「武久君と中尾君」に一任してやらせた、と書き記されている。これが、のちの事業部制として知られる制度の萌芽的なものとされる。ただし、その昭和2年の試みは、まもなくうまく機能しなくなり、「行き詰った」ために、幸之助氏による「自己経営」に戻している。

一方、天理教は、すでに明治時代からそのような組織上の特性をもって拡大の一途をたどっていた。昭和初期の総信者数は数百万人ともいわれるが、それを統括する組織上の仕組みとしては、教団組織としての取り組みが始まる以前の明治時代から、聖地「ぢば」のある天理に本部を置き、下部組織である教会が全国各地に設立されていった。昭和初期には、およそ50の「大教会」があり、その各大教会には、さらに数十から数百の「分教会」が所属していた。そして重要なことは、各大教会も分教会も、概ね一人の布教師から始まっており、その人だすけの輪が広がって、まずは単立の「教会」となり、さらに拡大することで「大教会」へと陞級したのであって、教会本部がすべてを指導して全国各地に拠点を置いたわけではない、ということである。つまり、布教の最前線にいる各布教師の自主的な努力が実を結び、教会本部の許しを得て、分教会、さらに大教会へと発展していったのであり、本部の描いた青写真に基づいて拡張拡大したわけではないのである。そして、それぞれの分教会や大教会も、本部の方針を受け、設立当初から自主的に運営され、経済的にも本部の支援を受けて成り立っていたわけではないのが特徴で、いわば「独立採算」を採ってきたのである。

傍証として、いま数ある日本の宗教団体の中で、一教団内の包括法人の数が格段に多いのが天理教である。大教会ばかりでなく、多くの小規模な分教会でさえ、独立した法人格を持っている。これは、日本の宗教組織一般の特徴というよりも、唯一ではないにしろ稀（まれ）な天理教の一特性と見なすことができるだろう。

敏腕の若手経営者である松下幸之助氏なら、天理訪問の際に目の当たりにした多くの信者が、しかも全国各地に散らばっていながらも、どのようにして一つにまとまっているのか、当然関心を持ったはずである。案内したU氏でなくとも、まだ年数の浅い信者であっても、容易に答えることのできる組織形態の姿がそこにあった。

先述したように、幸之助氏も天理訪問以前の昭和2年に、一部門を独立させるという新しい経営手法を一度試みたことがあった。しかしながら、それは当時の日本企業としては極めて珍しい経営形態であり、ましてや、大規模な見本を目の当たりにする機会はなかったと想像する。現に、昭和2年の電熱器部門での試みに頓挫（とんざ）して以降は、昭和8年まで同じ手法を再び行ってはいない。しかし、天理訪問を通じて、巨大組織の格好の成功例を、昭和普請の大建築や、「ひのきしん」に勇んで励む多数の信者の姿からリアルに実感できたはずである。

考えてみると、巨大寺院や戦国時代の巨大な城郭など、国宝や世界遺産になるような日本の歴史的建造物は、ほぼすべて国家権力や時の有力者によって建造されている。しかし、幸之助氏が目にした壮大な神殿や関連建造物は、すべて名もなき庶民の力を自主的に結集して造られたものであった。どの柱を誰が寄贈したなどという人物の記名は、神殿周辺のどこにも見られない。そこに、上からの指令による成果ではなく、下からの自主的な力が結集されたときの力の凄さを、幸之助氏は身をもって感じたのではないだろうか。そして、そのような仕組みを解明したいと思ったのではないだろうか。

敢えて言えば、常識的には、先進的な組織形態を持つのは近代的で合理的な企業のような組織であり、宗教組織などは、一般に伝統的・土着的・自然発生的で非合理な組織でしかない、と考えられている。ところが、天理教という仏教でも神道でもない、また公的な権力を持った人物が意図したわけでもない、当時とすれば極めて珍しい新宗教組織が、明治政府などからの厳しい弾圧を受けながらも急速に拡大し、「神言」に基づき、図らずも同時代の企業社会よりも「先進的」かどうかは別にして、少なくとも他に類を見ない「特異な」組織形態を構築し、それが十分に機能していることに、幸之助氏が着目したのではないかとも解釈できる。（第3章で詳述）

5、昭和8年5月「朝会・夕会」の開始

昭和8年の門真市への本社移転後、「朝会・夕会」の名で知られる朝と夕の集会を、部署単位で全社的に開始している。その席では、「五精神の唱和」（のちに七精神）という社是・社訓の唱和が行われた。朝礼などを毎日儀礼のように行うのは、当時の企業とすれば異例の慣習であったが、同社では今日に至るまで続いており、戦後は日本企業の多くも、似たような朝礼を行うようになった。

これも、幸之助氏が独自に発想した可能性はもちろん否定できないが、天理教ではすでに早い時期から、「朝勤・夕勤」として、教祖中山みきが教えた独自の祭儀である「おつとめ」が毎日、本部神殿のみならず、のちに大教会や分教会でも広く行われてきた。幸之助氏は昭和7年の天理訪問時に神殿内に入り、信者が次々とやって来て参拝する様子も時間をかけて見ており、案内のU氏から「朝勤・夕勤」の説明を受けたことも想像に難くない。これらは至極容易に得られたであろう知識である。

天理教に限らず、古くから宗教一般が、毎朝・毎夕に念仏を唱える、あるいは礼拝を行うなどの慣習があることは、幸之助氏も常識的に知っていただろう。ところが、企業が同じような慣習を持つことは、当時一般には見られなかった。松下電器では、天理訪問後に門真へ拠点を移した昭和8年から開始していることからしても、タイミング的には天理教での例を見て、その経営上の意義に目覚め、取り入れたと考えても、牽強付会（けんきょうふかい）のそしりを受けるものではないと思われる。（第3章で詳述）

6、昭和9年・11年「社内教育機関の設置」

昭和9年（1934年）と11年には、それぞれ「店員養成所」と「工員養成所」という、全く新しい社内の教育機関を設立している。幸之助氏が独自に発想したとしても不思議ではない。実際、天理訪問の何年も前から、一般教養も含めて職業訓練のできる学校のような施設を設立したいと幸之助氏が思い描いていたことが、氏の自叙伝に書かれている。

一方、天理教は、すでに明治33年（1900年）設立の「天理教校」という、天理教教理を専門的に学び、布教師を育成する学校を持っていた。幸之助氏も昭和7年の訪問時には、神殿の南方に建っていたこの校舎へ足を運び、そこで当時、半年ごとに数千人が入学しているという実績を知ったときの驚きを、自叙伝に書き残している。

また「(旧制）天理中学校」（明治41年設立）や「天理外国語学校」（海外布教のための布教師養成のために外国語を教える専門学校で、大正14年設立。天理大学の前身）などの校舎も、このとき幸之助氏は見学している。タイミング的に見て、天理教では明治期から若い年齢層への多様な人材育成機関とシステムを有し、それが機能していることを知るに及んで、その重要性を再認識したと推測することは可能だろう。（第5章で詳述）

7、昭和13年「松下電器墓所の設立」
昭和13年（1938年）9月、幸之助氏は高野山奥の院に、企業としてほぼ初めてとなる「物故従業員慰霊塔」を建立している。昭和56年（1981年）9月には、

「創業命知50年」を期して、定年退職後の物故者を合祀し慰霊している。当初は「松下電器墓所」、今日は「パナソニック墓所」として、新旧両方の石碑が建っている。

会社慰霊塔、あるいは「社墓」を研究した中牧弘允氏（『むかし大名、いま会社』淡交社）によれば、厳密には、これに先立つ昭和2年に大阪の「北尾新聞舗」なる広告代理店が、同じ高野山に、企業として最初の会社慰霊塔を建立している。その次が松下電器であり、続いて丸善石油、久保田鉄工などの数社が戦前に設けている。高野山奥の院は、徳川家、織田家、伊達家など錚々たる戦国大名家の墓所が並ぶ、一種異様な聖空間である。戦後になって、企業の慰霊塔・墓所（社墓）が急増し、100社ほどが次々と建立されていった。松下電器墓所は、その先駆けであった。

このような社墓を、幸之助氏は、大正15年（1926年）に高野山へ参詣したときから発想し、さらに昭和11年（1936年）には、かつて大阪の五代自転車商会に丁稚奉公していたときの店主（六代目五代五兵衛）とともに、再び高野山に参詣したことがきっかけとなって設立を決めた、と話している。

これに疑問を差し挟む余地はないが、同時に、幸之助氏が自叙伝に記している天理での「教祖墓地」（あるいは「豊田山墓地」）を訪問した際の感想も注目される。教祖墓地は、本部神殿北方の小高い山にある。昭和7年に幸之助氏が見たのは、教祖の墓稜だけでなく、墓稜を囲み、寄り添うようにして、初期の信者たちの墓石が数多く並んでいた姿であった。

教祖（「神のやしろ」）となった中山みきは、幕末の30年間と明治期の20年間の約50年間にわたり、生身の体で人々に教えを説き、救済したが、その活動は、江戸幕府や明治政府から認可されていたわけではなく、また、世間では聞いたこともない神名であり、教えであったために、教祖をはじめ初期の信者たちは、当局に拘束・投獄されるなどの厳しい迫害・弾圧を繰り返し受けた。そればかりか、世間からのあざけりにも晒された長い歴史があった。

そのような厳しい時代に、一時的に信者になっても途中で難を逃れようと離れていく人々も少なからずあったというが、一方で、変わることなく教えを守り広めようとした人々がいた。その人々の墓石の列が、教祖の墓稜に寄り添うように並んでいるのである。幸之助氏は、教祖と信者の両者が、墓地においても、なお寄り添う姿を目の

当たりにして、

教祖の墓を中心にその外郭援護の形に並んでいるのである。私はそこに両者の満足と喜びを見いだして、平和の幾久しかれと祈る気持が湧然（ゆうぜん）と満ちあふれてくるのであった。

と自叙伝に書き残している。「平和の幾久しかれ」というような文言は、教祖と初期信者の厳しい足跡を、ある程度知っていなければ出てこない感想のように筆者には思える。

幸之助氏にとって、企業としてはほぼ前例のない会社の墓の建立に、天理での見聞が後押しになったとは言えないだろうか。（第3章で詳述）

8、昭和15年「松下病院の設立」

さらに昭和15年（1940年）12月、病気がちな幸之助氏自身や、従業員の健康を考え、事業主医療機関として病床数13床の「松下病院」が設立されている。戦後に拡大発展し、総合病院として現在「松下記念病院」の名称となっている。

産業界では早くから、戦前にも財閥などの大手企業をはじめ、日立製作所も昭和13年には病院を開設している。したがって、天理教と関連づける根拠は薄いが、しかし、天理教もすでに昭和10年10月には医療施設を開設している。背景として、天理では明治期から多くの信者が過ごし学ぶなか、当時「死病」と恐れられた結核をはじめとする感染症などの懸念もあり、早くから医療施設の必要性がいわれていた。

また、教えにおいても、医者・薬の利用を否定するものではない。むしろ、医者や薬を心だすけの補助的手段「修理肥（しゅうりごえ）」として肯定し、また「医者の手余り、神がたすける」との教えによって、医者が匙（さじ）を投げたような病人に回復への祈りを捧（ささ）げ、救いの手を差し伸べてきた歩みがある。

その一方で、「天理よろづ相談所」という名称で医療・相談・厚生の3部門を置き、全人的救済を意図し、昭和12年に私立病院開設の認可を得ている。開所当初から、信者でなくても利用できる地域の拠点病院として発展し、さらに昭和41年（１９６６年）には規模を大幅に拡大し、現在、855の病床を持つ奈良県内最大級の総合病院として広く知られている。「松下病院」の設立以前に、まず天理教の医療施設が先行しており、タイミング的には近接する。ただし、この天理の病院については、幸之助氏の自叙伝に記された見学ルートとして一切ふれられていないので、以降の章では扱わず、ここでの指摘に留める。

9、戦後の展開における、松下幸之助氏の考え方と天理教教祖の教えに見られる「類似」の諸点

戦後の展開における、松下幸之助氏の考え方と天理教教祖の教えにおいても「類似」する点が散見される。無論、幸之助氏は、ＰＨＰ研究所を設立し、ほかのさまざまな宗教者とも交流するようになったために、天理教だけに限定することはできないが、既述したように、少なくとも戦前から、教祖中山みきの子孫であり、教団の代表者であった二代真柱・中山正善氏との交流があった。昭和7年以降も天理への再訪があったことや、幸之助氏自身による教団機関誌への寄稿文や、さらに公刊されている三代真柱・中山善衞氏との対談の詳細な記録によっても、この事実を知ることができる。天理教のトップが幸之助氏と交流する中で、天理教の教えとその姿について何も

語らなかったとするほうが、むしろ不自然である。
　戦後の幸之助氏による著作や講演記録などは、あまりにも膨大で、筆者は一部しか目を通し得ていないが、その程度の知識でも、明らかに天理教用語と思われる言葉が目につく。たとえば、幸之助氏の戦後の著作の中で、ロングセラーの『道をひらく』（ＰＨＰ研究所）の中に、「心を定めて」という用語があり、エッセーのタイトルにもなっている。幸之助氏は、この用語を好んで使ったふしがある。一見なんでもないような言葉であるが、天理教関係者が見れば、教内ではよく知られてきた重要用語の一つであり、教祖中山みきが書き残した和歌形式の原典（「おふでさき」）などに何度も使われている教えの言葉であることを、すぐに思い起こす。
　本書では、ごく一部にすぎないが、そのような用語や考え方も、幸之助氏と天理教の類似点として、筆者が気づく限りの範囲で指摘しておきたい。（第6章で詳述）
　以上のように、昭和7年「命知元年」以降の松下電器の躍進過程で、これほど重層的に次々と「類似」する諸点が発生しているというのは、すべてを偶然と断じることのほうが不自然であるように筆者には思えるのです。天理教が、「陽気ぐらし世界の実現」という究極の目標を掲げ、その実現に向けて、明治から昭和初期にかけて組織のさまざまな側面を整備していった、その時点における一つの到達した形が、幸之助氏の目の前にあったわけです。これまでの通説のように、「使命観だけを学んだ」と限定的に見るのみでは、決して十分とは思えません。それは以降のように、幸之助氏が、天理教を組織マネジメントの見地から凝視していたことを、自叙伝の中に見いだすことができます。

「経営の真髄に思いをいたす」の意味解釈

幸之助氏の自叙伝の、天理見学の説明文の中に、「経営上への示唆」という見出しをつけた文章があります。10時間に及ぶ見学直後の、いまだ興奮冷めやらず、頭の中の整理がついていないと思われるときの心境として、以下のようなくだりがあります。

（中略）きょう一日の参拝見学によるこの宗教の施設のうえに、規模のうえに、その活躍ぶりに、その盛大さに、その信者の信仰ぶりに、総合的経営のうえに、かえっていろいろと走馬燈のごとく、とりとめもなく次から次へと浮かんでくるのであった。

当時の天理教教会本部の全貌（ぜんぼう）とまではいかなくとも、ほぼ主要な施設を見学したことで、「総合的経営」といった文言も出てきたのではないでしょうか。そして、このくだり直後の見出しに「経営の真髄に思いをいたす」として、さらに長い文章が続きます。帰途の電車内と帰宅後も、ずっと脳裏に浮かんでいたことが書かれているのです。少し長くなりますが、その一部を紹介すると、

きょう目のあたりに見たあの盛大ぶり、（中略）一糸乱れざるその経営、経営といってはあるいはあてはまらぬかもしれないが、まだ信仰に芽生えていない私として、それは一つの経営と考えられることもまたやむをえないのではないか。そして経営、経営ということがしだいに強く強く考えられてきたのであった。立派な経営、すぐれた経営、そこに多くの人は喜びに充（み）ちあふれて活躍している。真剣に努力している。自分だけでなく他人をもその喜びに引き入れんとする熱心さなど。すぐれた経営だ、実にすぐれた経営だと、私は感嘆を大きく深くすればす

るほど、真個の経営ということがしきりに頭に浮かんでくる。正義の経営、経営の正義、とこう考えてくるに及んで、不思議にわが業界における経営ということに思い進んできた。いま考えると実際不思議なくらいである。両者の経営について深刻に考えられてきたのである。

などの熱い語りが見られます。明らかに、産業界と宗教界の両者を「経営」という視点から比較検討しているのです。そして、その比較思考した帰結として、自叙伝では「使命観」があるか無いかというところに、両者の間に決定的な違いが横たわっているとし、産業人としての自身には「使命観」が無く、世間一般の「通念」によってのみ事業を行っていたと悟り、熟慮のうえ、自身の使命(「貧乏の克服」)を感得し、それを全社員と共有したと記しているのです。その日が、昭和7年5月5日で、「第1回創業記念日」という歴史的な日となり、さらにその年を「命知元年」と称して、現在に至るまで松下電器(現パナソニック)にとって特別な年として歴史に刻まれているのです。

「総合的経営」としての天理教組織

先に引用したように、幸之助氏は天理教組織の姿を、「総合的経営」の視点から眺めたということが分かります。天理教の使命は「陽気ぐらし」世界の建設というものです。幸之助氏が昭和7年3月に目撃したのは、この使命達成に向けて、組織のさまざまな側面を整備してきた一つの姿でした。具体的には、先に述べた通り、すでに全国展開していた約50の大教会や数千の分教会が、それぞれ法人格を持ち、各教会が経済的にも独立した一つの組織でありながら、総体とすれば、使命達成に向けて一つに結束していたように見えたという事実です。全国に数百万人いる信者が、いずれかの教会に所属し、「陽気ぐらし」世界の実現という使命を共有することで一つになり得ているという、幸之助氏が考えてもみなかった現実を垣間見ることができたはずです。

さらに天理教では、毎日「朝勤・夕勤」という教祖直伝の祭儀が行われ、親神と教祖に向けて心を一つにすることが習慣化されていました。また、各種の学校施設や立派な図書館を持ち、人材の育成や布教師の養成が図られていました。通信手段が限られた当時でありながら、明治24年（1891年）から続く教団の月刊誌『みちのとも』があり、さらに昭和5年（1930年）には週刊新聞『天理時報』も刊行され、全国の信者に教会本部からの情報伝達が行われて、また信者間の信仰体験の共有も可能となっていました。教祖墓地には、初期信者の多くの墓石が、教祖の墓稜に寄り添うように並んでいました。これら「ぢば」を中心とする「親里」と呼ばれる周辺地域の諸施設、そして関連の出版物などは、すべて「陽気ぐらし」世界実現という使命を達成するための道具立てであったはずです。つまり、

「使命」実現のための、

「祭儀・慣行」＋「組織の諸機関・施設」＋「情報伝達手段」等の整備

こそがワンセットの「総合的経営」として、若き経営者・松下幸之助の目に映ったとは考えられないでしょうか。これまでの通説では「使命」だけが語られ、一方、それを実現するための諸機関・道具立てを幸之助氏がどう見たかについては、全くふれら

れることがありませんでした。さらには、戦後の展開として、幸之助氏が始めたPHP運動が目指すところの中に、天理教の教えが、両者の「類似」として見いだせる諸点がありながら、それについても語られることはありませんでした。天理教組織の姿とその教えこそが、松下幸之助氏と天理教の接点を語るうえで、全くの〝ブラックボックス〟として放置されてきたと思われるのです。

天理教と幸之助氏の接点が、「使命観」の大切さという一点であるとの通説が固定されてきた背景として、幸之助氏にとり、本来は天理教という「特殊」「個別」の事例からの学習であったものが、いつの間にか「宗教一般から」の「普遍的」な学習へと観点が移行されてきたように筆者には見受けられます。「使命観の大切さを学んだ」ということだけであれば、敢えて「天理教」という個別の宗教名を特定する必要はなくなるわけです。このような観点の移行によって、後年の松下幸之助研究においても、「個別」の対象として天理教について深くふれる必要がなくなり、〝ブラックボックス〟に入れておいても構わないものという研究姿勢への流れも、また固定されてきたのではないかと筆者は考えます。

もし、筆者の推論が多少でも当を得ているとすれば、「使命観」以外にも、天理訪問後に幸之助氏が取り入れたことの中には、当時の日本企業の経営のうえからも画期的で珍しいものが散見されます。それらが、のちの松下電器の経営全体にどのように影響したのか、単純に因果関係を指摘することはできませんが、少なくとも数字的には、昭和7年の総従業員数1千102人の所帯から、13年後の終戦時には2万6千832人へと、右肩上がりに急速に、実に二十数倍の規模へと拡大しています（パナソニックミュージアム内公開資料から）。無論、規模拡大は、戦中の軍事物資などの製造も義務づけられたことが、一つの要因として考えられるにしても、急速な規模拡大に対応できる組織体制が整えられていったことになります。当時は、今日のような経営コンサルタントがいるわけでなく、企業間学習もそれほど容易にできる状況でなかった時代であるからこそ、現在では想像し難い（がたい）ほどに、業界の垣根（かきね）を越えて、宗教界からも何かを参考にしようと考えたとしても不思議ではないでしょう。異なる業界からヒントを得たからこそ、実業界では見られなかった経営上の新しい仕組みや新たな慣例になり得た、とも言えるのではないでしょうか。

天理教組織のオリジナリティー

言うまでもなく、満37歳の幸之助氏が天理で見聞したことの多くは、教団組織、学校、図書館、教祖墓地など、個々に見れば、いずれも天理教固有のものというよりも、日本の宗教文化の伝統や世間一般にも存在していたものであり、天理教はそれらを教えに基づいて順次取り入れ、適切に作り変えていったとも言えるでしょう。その意味では、幸之助氏が天理で何を見たとしても、必ずしも、それらが天理教の専売特許というわけではなく、参考にすることも自由です。

しかし、通信・交通手段が不便であった時代に、全国に数百万人もの信者を抱える大教団が、教祖により神の望みとして伝えられた「陽気ぐらし」世界の建設という高邁な理想に向かって、人々の心を一つにし、その目標達成のために、具体的な建築群、組織形態、学校、病院、刊行物などを長年かけて一つひとつ整備し円滑に運営することで、寄り集う信者の大集団を規律正しくまとめ上げた全体像は、「総体とすれば」

全くのオリジナルであり、当時の大きな組織体としても唯一無二と言ってよい〝小宇宙〟であったといっても過言ではありません。

ここで、「オリジナル」という、よく使われる用語を考えてみるに当たり、「革新性」とは何かを吟味することで少し明らかになると思われます。

「革新（イノベーション）」という概念を論じたヨーゼフ・シュンペーター（1883－1950）は、「革新」とは、それまで存在しなかった全く新しいものの発明だけを指すのではなく、むしろ「新結合」、すなわち個々別々の要素はすでに存在し知られているものであったとしても、それらをうまく「組み合わせる」ことで全く新しいものやシステムが創出される、つまり「組み合わせ自体が革新」であるとしたことが、いまも有効な定義となっています。

現代社会での分かりやすい例としては、今日、当たり前に使われているスマートフォンという先端機器があります。特に iPhone は大きなニュースになりました。それまでの携帯電話とは全く違う「革新的」なものとされ、現在も進化し続けています。スマートフォンには、電話やカメラ機能は当然のこととして、インターネットを自由に利用でき、映像を視聴し、音楽を聴くことができ、多種多用なゲームも楽しめ、各種「アプリ」を利用できるという、いわば「電話」「カメラ」「通信機能付き小型パソコン」「音楽プレーヤー」「ゲーム機」など、従来は別々の家電機器として存在していたすべてのものが、手のひらサイズの一つの機器に組み込まれ、しかも、「タッチパネル」という簡単な操作方法で扱えるというものです。考えてみれば、機能を個々別々に見ると、特に目新しいものはないのですが、組み合わせて一つの機器に入れられ、簡単に利用できるようになったことで、「革新的」と認識されているわけです。よく知られる機能ばかりであっても、それらが一つの機器の中でスムーズに作動するには、多くの工夫と技術が必要だからです。

さらにシュンペーターは、革新とはモノや技術の画期的な創作だけを指すのではなく、画期的な「組織の創造」もまたイノベーションであるとしました。このような考えに従えば、天理教の当時の姿、つまり既述の、

「使命」実現のための、

「祭儀・慣行」＋「組織の諸機関・施設」＋「情報伝達手段」等の整備

は立派な画期的組織、と言えるのではないでしょうか。親神の望みとされる世界の「陽気ぐらし」に向けて、一般社会にも見られる諸施設・諸制度・文物を取り入れ、「組み合わせる」ことで、その総体としては、当時とすれば革新的な組織とシステムを構築していたといっても過言ではないでしょう。そしてそれは、総体として、実業界でも珍しい姿であったはずです。その姿に、幸之助氏は自身の会社との大きな違いを見いだしたのではないかというのが、筆者の推論です。

幸之助氏が天理で見た大群集は、強制力によって集められたわけではなく、また金銭的報酬を期待して来たわけでもなく、「陽気ぐらし」という理想の下に、自らもたすけられたという喜びと感謝によって自主的に寄り集った、無名の無数の庶民であったはずです。当時の「ひのきしん」に従事する人々の生き生きとした個々の顔立ちを直接目の当たりにすれば、幸之助氏ならずとも、一人ひとりの自発性を容易に見て取れたはずです。さらに幸之助氏は、その姿から「使命観」の大切さとともに、集団のエネルギーを適切に方向づける、組織を構成する諸分野の具体的なありようにもまた「経営上の示唆」を感じたのではないか。そう仮定しても、決して荒唐無稽な想像ではないと筆者には思えるのです。むしろそれこそが、幸之助氏の稀に見る洞察力であったに違いありません。万人が同じものを見て、皆同じように洞察できるかと言えば、幸之助氏はむしろ例外中の例外であったでしょう。

　そもそも天理教には、組織形成のためのお手本とすべき格好のモデルというものはありませんでした。奈良盆地の農村にあって、折々の「神言」を頼りに、いわば手探りで、長年かけて形をなしていくしか方法はなかったはずです。一方、幸之助氏には、すでに相当整った天理教という絶好の成功モデルが、すぐ目の前にあったのです。

　前記1から9までの「類似点」を中心に、以降、章ごとに詳しく見ていこうと思います。本書は、昭和7年3月、幸之助氏の天理見学のルートに沿った情景の「再現」を試みるという、もう一つの大きな目的があるので、前記「類似の諸点1～9」についての詳しい説明も、その数字の順ではなく、幸之助氏が見学した諸施設との関連説明と併せて行うことになります。それゆえ、本書の各章で扱う「類似」の諸項目を示すと、以下のようになります。

第3章では、4と5と7　の説明
第4章では、1と2　の説明
第5章では、6と3　の説明
第6章では、9　の説明

読者の皆さんには、興味のある章から先に読んでいただくことも可能です。

独自の創造力

以上のような「類似」する諸点を推論として述べたとしても、筆者は、松下幸之助氏は単に天理教の「真似(まね)をした」というような単純な結論に落ち着くべきではないと考えています。推論が多少でも的を射ているとしても、仮に当時の天理教の姿を参考モデルにしたとしても、単に真似をすれば、誰でも成果を導き出せるものかどうか、常識的に考えても、うまくいくはずはないのです。

幸之助氏自身、著書『人生談義』に所収の「〝学ぶ〟ということ」というエッセーの中で、「どんなことでも（中略）最初は模倣から入っていくものです。しかし、単に模倣にとどまらず、それを吸収消化し、ほんとうに自分のものとしていくことが、やはり大事でしょうね。そうすれば、何か新たな独自のものを生み出す可能性も出てくる」と書いています。お手本になるものを見分けることに敏感で、そして偏見なく素直に吸収する。そのために、あらゆるところにアンテナを張り巡らしていた人物だったのではないでしょうか。そのような基本姿勢であれば、天理教との「類似性」が生じたとしても不思議ではありません。

お手本を、どのように自身の現場に当てはめていくのか、その応用には多くの創意工夫が必要です。適切な例かどうかは分かりませんが、かつて日本の家電業界は、家庭用ビデオの市場を世界でほぼ独占した時期がありました。しかし元々は、アメリカやオランダの大手メーカーがある程度の商業化に成功していた商品でした。ところが日本のメーカーが、欧米の既存製品を参考にしながら工夫を凝らして独自の技術にまで高め、はるかに良い商品を開発していったわけです。単に真似をして安く売ったから成功したのではないことは周知の通りです。

ただ、この例はよく知られていますが、幸之助氏自身は、自らの新しい試みを、多少でも天理教との接点と関連して語っているわけではないために、筆者としては、あくまで「推論」として扱うことが適切だと判断しています。

もし筆者の推論に多少でも妥当性が見いだされたとしても、幸之助氏自身の応用力、創造力、経営者としての胆力、人望の厚さなど、能力・人格的な価値をいささかも損なうものではありません。

一方、当時の天理教には、産業界にインパクトを与えるだけの特性が、図らずも備わっていたとも解釈できるのではないでしょうか。天理教は、既成宗教ではないという理由だけで、教祖が現身(うつしみ)をかくした明治20年以後も政府から非常に厳しい弾圧を受け、独立した教団とは認められませんでした。そのような厳しい弾圧を加えた政府から、独立した一教団としての認可を得るためにも、また一方で、急増する信者集団を適正にまとめ、広く深く社会に浸透していくためにも、当時の幹部たちが、教義の整理、組織や学校、定期刊行物、病院など、教えをもとに知恵を絞って教義の体系や組織の骨格を築き上げてきた歴史がありました。ある意味、その営為の中に、図らずも、当時の先進的・近代的なものが育まれていたのかもしれません。

考えてみれば、当時の企業組織で、数百万人の従業員を抱えていた例があったでしょうか。その点もまた、今後の研究対象として光を当てる必要があるかもしれません。「組織形態」という観点から見て、営利目的の企業組織だけが、常に時代の先端を切り開いてきたとは言えないはずです。

天理教の教えを奉じる人々にとっても、教祖の教えをどのように日常生活や人生の目標達成に生かすのか。信者でない幸之助氏が、その一つの良い手本を示してくれている、とも解釈していいのではないかと思います。

実業と宗教という、現代社会では別次元のもの、高い塀で分け隔てておくべきもの、といった常識を超えて、冷静な目で何かヒントをつかもうとした青年実業家・松下幸之助の柔軟な思考こそ、いまあらためて注目すべきことではないでしょうか。歴史的には、国家権力や有力者が統治に利用するために庇護し、発展してきた宗教もあれば、全く無名の庶民の間から発生し、庶民の間に広まる宗教というものもあります。後者の中には、時の国家権力に容認されない時期があったからこそ、むしろ既存の枠組みや権力者の都合を超えた、前例の無い組織形態が生成された可能性も否定できないのです。

昭和初期の天理教信者数は、全国に少なくとも300万人と見積もられています。当時の日本の総人口が7千万人程度だとすれば、全人口の20人に一人は信者であったことになります。国家権力や伝統の庇護も受けない、農村の一主婦から始まった宗教集団が、全国レベルでこれほどの盛況を見せていたことは、松下幸之助氏でなくとも、注目すべき社会現象であったと考えられます。

教祖中山みきと幸之助氏

この章の締めくくりとして、筆者が気になった一つの点は、幸之助氏の発言集などを読む中で、天理教という名称にふれることはあっても、「教祖中山みき」については一言もふれられていないことです。先述したように、自叙伝でわずかに「教祖墓地」や「教祖殿」について書かれている程度です。

幸之助氏は間違いなく、教祖の生涯や教えについて、案内を受けたU氏から相当程度の情報を耳にしたはずです。天理教について説明するとき、教祖のことを語らないはずはありません。PHP研究所や松下政経塾に関する説明に、創設者である松下幸之助のことが語られないはずがないのと同じです。

37歳の幸之助氏が、昭和7年の壮大な「教祖殿」建築現場で、多くの信者が「教祖（おやさま）のためなら」と嬉々（きき）として「ひのきしん」に勤（いそ）しむ姿を目撃したことは、自叙伝の記述からも明らかです。ところが、すでに現身（うつしみ）をかくして50年近く経（た）っている人物に対して、直接会ったこともない老若男女がこれほど慕い続けるとは、どのような人物であったのかと、興味を示さないはずはありません。幸之助氏自身も当時、すでに多くの従業員とその家族に責任を持つ立場として、「創始者」である教祖中山みきを、自らの立場と重ね合わせて思いを馳（は）せたとしても不思議ではないでしょう。

ところが、教祖に言及している幸之助氏の文章を、筆者は見たことがありません。筆者の憶測にすぎませんが、逆説的に、むしろ非常に意識していたからこそ、口に出さなかったのではないかとも思われます。学者で評論家でもある故・渡部昇一氏は、著書『日本不倒翁の発想　松下幸之助全研究』の中で、幸之助氏が「天理教の〝経営〟にライバル意識を持った」と分析しています。つまり、ライバル視したと書いているのです。その真偽のほどは分かりませんが、渡部氏といえども、天理教内部のことは〝ブラックボックス〟に入れたままであったことに変わりはありません。

教祖中山みきは、前川家という庄屋に生を享けたとはいえ、幼少期に寺子屋で3年ほど学んだだけで、13歳で中山家に嫁ぎ、農家の一主婦に過ぎなかった41歳のとき、親神・天理王命の天啓を受けました。以後、家財や屋敷を貧しい人々に次々と施したことで、代々の村役としての中山家は没落することになり、世間の嘲笑を浴びながらも、以降50年間「神のやしろ」「生き神」として歩み、明治20年、90歳にして「眠るが如く」現身をかくしました。その後も、今日まで昼夜を問わず、教祖殿を訪れては深々と頭を垂れ、長く拝をする信者の姿が途絶えることはありません。教祖の足跡の概要説明は、本書テーマとの関連を意識して第4章にまとめています。幸之助氏も耳にしたはずの内容が、少なからず含まれているからです。

一方、松下幸之助氏も、和歌山の庄屋の家に生まれましたが、父親が米相場に失敗したために幼くして家は没落し、教育も小学校で4年ほどしか受けられず、丁稚奉公に出され、若くして起業しました。そして37歳のとき、感得した天命（「産業人の真使命」）に基づいて事業を推進し、その後も94歳で亡くなるまで半世紀以上にわたり、より良い社会の実現に向けて、世間の人々に広く働きかけ、没後30年が経った現在も、「経営の神様」として国内外の多くの人々に敬慕されていることは周知の通りです。

現身をもって人々の救済に尽くした中山みき（１７９８－１８８７）は、幕末と明治維新後の19世紀を通じて、一方の松下幸之助（１８９４－１９８９）は、戦前戦後の20世紀を通じて、どこか似通った境遇と稀有なる足跡を見て取ることはできないでしょうか。幸之助氏の胸中には、時として中山みきが思い浮かんでいたのではないかというのは、筆者の空想です。

およそ以上のような思いから、本書をまとめることにしました。読者の皆さんには、本書全体を読んでいただき、筆者の推論の妥当性を吟味していただければ、ご意見を今後の参考にさせていただきます。

次の第2章は、松下幸之助氏が天理を訪問するまでの「通念」の時代の足跡について、自叙伝『私の行き方 考え方』を参照しながらまとめています。理由は、天理訪問に至るまでの経過や、本書のテーマである「類似」の諸点をより良く理解することに役立つと思われるからです。とりわけ、なぜ天理訪問が幸之助氏にとり運命的・歴史的に重要な意味を持つのかが、おおよそ理解できるはずです。

この「通念」の時代の昭和4年に、松下電器では「綱領」「信条」が文章として掲げられました、そして、昭和7年の天理訪問後に「真使命」に目覚めたと明言しています。次章の最後の項目に、この「綱領」「信条」と、その後の「真使命」がどのような関係にあるのかを詳細に論じています。幸之助氏の心の歴史をたどるうえで重要な局面と思われますので、ぜひとも目を通していただければ幸いです。

さらに、「通念」の時代をたどってみることは、天理訪問以前から、松下幸之助氏という人物が、単に実業家としての成功者というばかりでなく、一人の人物として尊敬すべき人格者であったことを見て取ることができます。そのような人物であればこそ、素直な慧眼(けいがん)をもって天理のありのままの姿を見ることができた、とも言えるかもしれません。

コラム　松下幸之助が書き残した唯一の自叙伝『私の行き方 考え方――わが半生の記録』

松下幸之助氏の生まれてからの半生の歴史を知るうえで、やはり欠かせない文献は自叙伝『私の行き方 考え方』です。幸之助氏は生涯、膨大な数の著作を残し、また講演も文字化されていますが、自ら書いた「自伝」と呼べる著作は唯一『私の行き方 考え方』しかありません。しかも、氏の全生涯を描いたのではなく、副題に「わが半生の記録」と書き添えられているように、生い立ちから第２次世界大戦の終戦直前までの半生が書かれており、昭和７年の天理訪問とそれ以降の10年余りの足跡が含まれています。したがって、この自叙伝は、きわめて貴重な資料であり、本書の内容も同書に多く依拠しています。

最初に本として出されたのは戦後の昭和29年（1954年）であり、甲鳥書林から出版され、さらに昭和37年に実業之日本社からも出されました。また、後年の昭和61年には、幸之助氏自身が設立した出版社でもあるＰＨＰ研究所から文庫版として出されており、それは現在までに50万部以上の売り上げがあり、依然として売れ続けています。

本書とのテーマの関連で最も重要な箇所は、「命知と創業記念日」の章と、次に続く「新気風」の章であり、この章をもって自叙伝は終結しています。

実は、自叙伝が執筆されたのは戦前であり、松下電器社内の月刊誌『歩一会会誌』に昭和10年ごろから約10年にわたって少しずつ連載されていたものが、戦後に本としてまとめられたのです。

ちなみに、この『歩一会会誌』にも、また本の中にも、「天理教」という固有名詞は使われておらず、代わりに「某教」とのみ記されています。しかし、「某教」が天理教を指すことは、松下幸之助氏の発言集や関連の出版物でも随所に見られ、自明のこととされています。

第2章
起業から昭和7年までの松下電器
――「通念」に基づく経営の時代

「通念」の時代から「真使命」の時代へ

松下電器（大正7年の創業時は「松下電気器具製作所」、昭和4年に「松下電器製作所」、昭和10年に「松下電器産業株式会社」、平成20年「パナソニック株式会社」と変遷していますが、本書では戦前の記述が多いため「松下電器」で統一します）の歴史を、松下幸之助氏は、昭和7年5月5日という特定の日（第1回創業記念日）を境に、それ以前の起業以来の約14年間を「通念」に基づく経営であったとして、その日以降を「真使命」に目覚めて行う経営の時代、と位置づけています。

その「通念」の時代とは、どのような歩みであるのか、幸之助氏の自叙伝や公開されている社史などから概略振り返っておきたいと思います。振り返る目的は、世間一般の「通念」でやってきた、と氏自身が語っているとはいえ、資金も学歴も、特別な人的な支援もない、さらには健康にすら恵まれない中での実直な歩みが、それを知る人の目には敬服に値するものだと筆者には思えるからです。果たして同じような境遇を与えられて、誰もが似通った歩みができるかどうか、知れば知るほどわが身に置き換えて感じ入るものがあると思われます。

恵まれない境遇にありながら、独立独歩の人並みはずれた努力を積み重ねて地歩を築いた幸之助氏のような人物であれば、目に見える天理教の盛況ぶりを目撃しただけで、特別なものを感じ取ったりするものでしょうか。それはやはり、奈良盆地の農村で、同じように無から出発し、幕末から明治期、それ以後の天理教への迫害・弾圧などの苦節の歩みを、U氏から断片的にでも聞けばこそ、いま目の前に展開している大いなる盛況ぶりに感嘆するとともに、ひるがえって、なぜだろう、天理教にあって今までの自分に欠けているものは何だろうと、自問自答したのではないでしょうか。

当時の幸之助氏は、経験豊かとはいえ、いまだ37歳という若さでした。都会から遠く離れた奈良盆地の片隅に、全国から信者の大群衆が手弁当で寄り集い、参詣のみならず、壮大な建築事業に率先して参加しようとする光景に、幸之助氏はまず瞠目(どうもく)したでしょう。そのうえ、さらに氏の心の目を開かせたのは、たとえ断片的な知識であったとしても、教祖中山みきの足跡とその教えの基本、さらには教団の歴史であったはずです。終生、天理訪問後の「第1回創業記念日」までを「通念」の時代とし、以降を「真使命」の時代と明確に峻別(しゅんべつ)するほどのインパクトを感じた理由は、その「隆盛」に驚いたというよりも、新たな心の目が開かれる強烈な体験をしたからではないでしょうか。そのきっかけとなった天理教の姿の、より細部にわたる説明こそが、従来の説明では〝ブラックボックス〟とされてきたに違いないと筆者には思えます。

幸之助氏自身の唯一の自叙伝『私の行き方 考え方』の関連記述を、もう一度振り返ってみましょう。昭和7年（1932年）5月5日のことを、

思えば過去十五年間は母の胎内にあったいわゆる胎児時代であったとも言い得られる。きょうここに呱々（ここ）の声をあげ、世に罷（まか）り出たのである。お釈迦様は三年三カ月母の胎内におられただけであの偉大なる働きをなされたという。松下電器はちょうど十五年母の胎内におったと考えれば、きょう呱々の声をあげた松下電器の将来はお釈迦様に数倍する働きをなさねばならぬことになる。

と、「通念」の時代は「胎児時代」であり、「真使命」を知ることで、産声をあげて「世に罷り出た」と表現しています。天理教の姿を見て、自身に使命観が無かったことを自覚し、産業人としての「真使命」を感得するに至り、それが松下電器の真の誕

生日となったと言いきっているわけです。また、この天理訪問から21年後の昭和28年（1953年）に刊行された『創業三十五年史』（松下電器発行）の「発刊にあたりまして」という冒頭文でも、幸之助氏は次のように説明しています。

私がささやかな志を抱いて電器業界に身を投じましてからもう三十五年になります。松下電器が事業本然の使命を悟り、新しい理想のもとに出発しました昭和七年を真の創業といたしますならば、開業当初の大正七年は松下電器の創生とでも申せましょうか？（波線部、筆者）

と、大正7年（1918年）の起業を「創生」とし、昭和7年（1932年）を「真の創業」とまで表現して区別し、さらにその年を「命知元年」（真使命を知った年）としたことは既述の通りです。

幸之助氏が、講演でも文章にもよく使っていたこの「通念」の意味について、一般的には、世間に広く通用している考え方、といった意味で理解されていると思われます。特にビジネスの世界に限定して言えば、何のために働き商売するのかという目的意識について、「通念」ならば、生活のためとか、儲けるためとか、ごく普通の動機づけを指すでしょう。そして昭和7年には、この「通念」から脱却して、産業人の「真使命」、それを幸之助氏は、先述のように、世の貧乏を克服することであると悟ったことが一大転機となった、というのです。幸之助氏にとって、当時の天理を見学した意義は、余人の想像以上に大きかったことがうかがえます。

「通念」(母の胎内)の時代概観

松下電器経営の「通念」の時代とは、主に大正7年から昭和7年までの約14年ということです。それ以前の幸之助氏の生い立ちや丁稚奉公の時代も含めて、以下に、その足跡を概略して見ておこうと思いますが、あくまで本書のテーマを意識してのものです。若き日の幸之助氏を見るばかりでなく、「通念」の時代の足跡の中に、後日、天理教との接点に関わる伏線になるような出来事も散見されるからです。

それでは、自叙伝や、松下電器の創業三十五年史や五十年史、さらには、パナソニックやPHP研究所のホームページなどを参照しながら、ごく簡略に、氏の生い立ちと「通念」時代の松下電器の足跡をたどってみたいと思います。

◎生い立ち

明治27年（1894年）11月27日、日清戦争のさなか、和歌山県海草郡和佐村字千旦ノ木（現在の和歌山市禰宜）で、小地主である父・松下政楠と母とく枝の3男5女の三男・末っ子として生を享けました。明治32年、4歳のとき父が米相場に失敗し、家は没落し、小学校には入ったものの、4年生の秋、9歳にして中退しています。以後、大阪の火鉢店へ丁稚奉公に出て、翌年には堺筋淡路町「五代自転車商会」に奉公しています。11歳のとき、父・政楠は病没しています。

その後、近代化の進む大阪の路面電車を見て、これからは「電気の時代」であると直感し、15歳（明治43年）で大阪電燈（株）の内線係見習工として就職。優秀で熱心な働きぶりであったといいます。20歳（大正4年）で一つ年下の井植むめのと結婚し、その後も異例の早さで検査員に昇格したそうですが、自身で考案・改良した電灯ソケットの製造販売を思い立ち、大阪電灯を退社して、23歳にして大正7年（1918

年）3月7日、大阪市北区（大正14年から此花区、昭和18年から福島区）西野田大開町の地に「松下電気器具製作所」を創立しました。

◎松下電器創業からの歩み

大正7年の開業時というのは、4年余り続いた第一次世界大戦が終結した年であり、戦争特需から一転して戦後不況に陥りました。開業当時は、幸之助と妻むめの、義弟（妻の弟・井植歳男、のちの三洋電機創業者）の3人による、ささやかな船出でした。2階建ての借家で、階下の3室を工場とし、7年間勤めた大阪電燈での退職慰労金など、わずかの資金を元手に起業したのです。その後は、電灯ソケット（「改良アタッチメントプラグ」）、さらに改良版「二灯用差込みプラグ」の製造などで、創業からわずか2年後には30人近い従業員を雇えるまでに成長しています。

大正9年（1920年）には、すでに東京へ進出し、小規模ながらも駐在所を開いています。この年、のちに詳述しますが、「歩一会」という名の社員の福利厚生制度や、親睦のための会も発足させています。

大正11年には、創業地となった家の近くに第1次本店・工場を建設し、従業員も50人程度に増やしています。翌12年の9月1日は「関東大震災」の日で、関東方面の製造業が大きな打撃を受けるなか、大阪に日本の経済的比重が拡大していきました。

これに先立つ同年3月から自転車用の「砲弾型電池式ランプ」を製作して売り出しますが、当初、この新製品への社会的信用はなく、販売には相当苦労したようです。ところが、小売店に無償で置いて試してもらうという、当時とすれば画期的な宣伝方法により、その高い性能、長時間点灯する電池、手ごろな価格など、それまでにない製品として認知され、大ヒット商品になりました。

ちなみに、大正14年には、地域の区会議員選挙に推されて2位で当選しています。地域住民からの信頼も相当に厚かったことがうかがえます。

先の「砲弾型電池式ランプ」は自転車用でしたが、これを応用した携帯自由な「角型（乾電池式）ランプ」の生産を大正15年からスタートさせました。その2年後の昭和3年（1928年）末には、月3万個が売れるという大ヒット商品になりました。

ところで、松下電器の「ナショナル」という商標は、平成20年（2008年）まで長く使われ、全国津々浦々まで知れわたって久しいものですが、商標登録自体は大正14年であり、昭和2年に、この角型ランプにおいて初めて使用されることになりました。

幸之助氏の回顧によれば、角型ランプを売り出すに当たって何か良い名前はないものかと考えていたとき、新聞で「インターナショナル」という用語が目に入り、調べてみると、「ナショナル」という単語が「国民の、全国の」という意味であることが分かり、「国民の必需品になるように」との願いも込めて、「ナショナル」ランプとして売り出すことを決めたそうです。

さらに、この商品の成功は、松下電器一社の成功に留(とど)まらず、まだ製品としての信用が低かった乾電池というものの信頼性を飛躍的に高めることにもつながったようです。つまり、日本の乾電池業界全体にとって、市場の一大成長の元になっているのです。

松下電器の規模は、大正14年（1925年）には従業員100人程度であったものが、3年後の昭和3年には3倍の300人へと成長しています。実はこの間、世の中は、前年の昭和金融恐慌に代表される深刻な不況が続き、世相一般は暗いものであったようですが、松下電器は全体とすれば順調に成長の一本道をたどっています。家電業界という新しい業界の成長が背景にあると思われますが、同業者が必ずしも成功していたわけではなく、やはり若き幸之助氏の経営手腕の現れと見るべきでしょう。

さらに、運も味方につけています。実は昭和2年、松下電器も真っ向から金融恐慌のあおりを受け、本業の好調さとは裏腹に、深刻な経営危機に直面したのですが、実に運良く無難に切り抜けるという、社史に残る有名な逸話があります。これは幸之助氏の強運さを示すものであり、また現在も続く住友系銀行との関係の起源ともなる特筆すべき事象ですので、のちに詳述したいと思います。

私生活でも、大正15年（1926年）6月9日に待望の長男・幸一（こういち）が誕生し、丸々と太った元気な赤ん坊で、「三越の赤ん坊審査会では最優良児として表彰され」たといいます。公私ともに喜びの多い時節を迎えていたと言えるでしょう。しかしまた、嬉（うれ）しい出来事も悲しい出来事も同時に起こるものなのか、昭和2年1月、健康そのものであった幸一が突然の病となり、脳症と診断され、医師たちの懸命の治療にもかかわらず、2月4日、昏睡状態のまま息を引き取っています。幸之助氏32歳のときの痛ましい出来事です。夫婦の間には、この幸一の前に、大正10年（1921年）に長女・幸子（さちこ）が生まれていましたが、幸一の後は子宝に恵まれていません。

自叙伝『私の行き方 考え方』には、一人息子を亡くした折の様子が、医師や看護者への謝意を込めて述べられ、さらに幸之助氏の両親が、かつて次々に成人した実子を失った悲しみに思いを致すなど、自身の心境についても書かれています。その一方で、自らのことを「しかしなんといっても功名心に燃える若さである。商売はいよいよ脂（あぶら）が乗ってきた」と、感傷に浸ることなく、むしろ経営者としての責任と意気込みに奮い立っていたことも書き記しています。

さらに、この昭和2年（1927年）というのは、翌3年と合わせて、公私にわたり実に多端な時期であったようです。先述したように、幸之助氏が直接手掛けたランプが大当たりしていますが、これと併行して、松下電器にとって全くの新分野であるアイロン、コタツなどの電熱器製品も、同年1月に創設した「電熱部」から事業展開しています。アイロンは当時、まだ東京・大阪などの大小規模のメーカー十数社の製品と舶来品を総合しても、年間10万台程度しか売れない小さな市場であり、新たな挑戦でした。そして、この新規の製品開発の鍵となる人物として、「中尾君」こと中尾哲二郎という若い優秀な技師が登場してきます。後に、松下電器の副社長にまで出世した人物です。このくだりは、本書テーマの一部にも関わるので、以下に詳述します。
「中尾君」は東京生まれで、松下電器の生え抜きではなく、元々は東京の技術者でした。ところが、大正12年9月1日の関東大震災の影響を受け、松下電器と関係のあった大阪のある工場に一時的に来ていたとき、幸之助氏の目に留まり、しばらくの間、松下電器の一員になっています。しかし、徒弟時代の恩義に報いるため、翌年の暮れに一時帰京するのですが、紆余曲折を経て、「円満に得心」のうえ、昭和2年1月、再び大阪に来て松下電器の正規の社員になっています。

松下電器が手掛ける多様な家電製品は、このころすでに幸之助氏一人の限られた技術力や知識では対応できなくなっていたようです。また、会社の規模拡大に伴う経営の忙しさも、幸之助氏の時間を奪っていたはずです。そのようななか、すでに松下電器内で高く評価されていた「中尾君」に、電熱器の製品開発が一任されます。付言すると、この「中尾君」とともに、電熱部の運営についても、忙しい幸之助氏が直接関わるのではなく、同じ大開町内の成功者の一人である「武久君」という、米の売買や不動産経営などで成功していた人物がいて、以前から幸之助氏の事業にも興味を示し、また氏とも親しく、一つ年下の気の合う性格であったことなどから、この「武久君」に電熱部の運営を任すことになりました。しばらくの間、電熱器部門には実質、幸之助氏は直接関与せず、この信頼できる二人（中尾君と武久君）が中心となって運営していたようです。

先述したように、アイロンは国内で年間10万台程度しか売れない小さな市場でしたが、価格が下がれば市場は拡大すると信じる幸之助氏は、「他のメーカーと比較しても品質を絶対落とさず、かつ価格を3割低下させること」という大きな課題を与えています。「中尾君」の試算では、月間1万台生産すれば目標達成できると答えを出したといいます。

かくして昭和2年4月には、中尾君は「スーパーアイロン」の開発に成功し、構造も従来製品と比較して著しく向上し、「ヒーターを鉄板に包んだ新機軸」の良品であったということです。値段も、目標とする低価格で売り出したところ、「結果は予想以上の好評であった」といいます。おまけに同社のアイロン（スーパーアイロン）は、昭和5年11月、商工省（当時）の優良国産品の指定を受けています。また同時代、ナショナル電気こたつ、電気コンロ、電気ストーブなども市場へ出されました。

ところが、当初は知人の「武久君」に任せていた電熱部の運営でしたが、しばらくすると、経営者としての能力に疑問が呈されるほどの損害を出したそうです。そのため同部の経営も、幸之助氏による「自己経営に戻す」ことを決めています。ただ、地元の友人として遇していた「武久君」を冷たく切り捨てるのではなく、松下電器の一社員として入り直すという選択肢を与えています。この電熱部の運営を「武久君」と「中尾君」に一任したという点については、後年、松下電器が導入した「事業部制・分社制」の萌芽（ほうが）とされており、次の第3章で詳述します。

こうしたビジネスの成功により、松下電器の規模は、昭和4年（1929年）には500人近い従業員数へと膨れ上がり、すでに3カ所の工場を構える堂々たるものとなっていました。成長は止まることなく、同年5月、此花区大開町2丁目25番地に、土地500坪、建坪300坪の営業所兼第1工場を「第2次本店」として移転建設しました。現在、その地の一部は公園になっており、「松下幸之助　創業の地」として「道」と書かれた石碑が建っています。

ちなみに、昭和7年3月上旬、幸之助氏が初めて天理を訪問したのは、この大開町の営業所からであったと推測できます。製造販売される商品も、それまでの諸製品に加え、電気アイロン、電気コンロ、電気ストーブなど多様化・多品種化しています。また昭和4年には、配線コードなどの外膜カバーに使われる合成樹脂の分野にも参入しています。

こうしたなか、同年7月に浜口内閣が成立し、金解禁政策が実施され、かつ緊縮政策が取られました。それは国内の景気動向を萎縮させ、経済を停滞に導く政策でしたが、さらに10月には、米国ウォール街の証券取引所の大暴落から起きた、あの「世界大恐慌」で知られる深刻な経済危機が日本にも襲ってきました。もちろん、松下電器もそのあおりを受け、倉庫には在庫の山ができたといいます。新本店の建設に資金を使っているため、経営は行き詰まる一方だったそうです。幸之助氏を支える側近の役員たちは、常識的に考えて従業員を大幅削減し、生産を縮小するしか道は無いと、当時、病床にあった幸之助氏へ進言し、決断を迫っています。この年の末ごろは、店員97人、工員380人という、相当大きな所帯となっていました。

この危機に際して、幸之助氏は「従業員は一人も解雇しない」「生産は半日とする」「給料は全額支給する」「その代わり休日をも廃して、在庫商品の販売に全力を注ぐ」といった内容の、思いきった決断を下しています。リストラを覚悟していたはずの従業員も、この決断に歓喜し、在庫商品の販売に持てる力をすべて出し尽くしたところ、翌5年2月には、すべての在庫が売り尽くされ、生産活動も回復しました。このようにして、大きな経営危機を乗り越えた幸之助氏に対する、社内外の信用と評

「松下幸之助　創業の地」の石碑

価が高まらないはずはありません。その後の不況下も、毎年かなりの数に上る優秀な新卒者を次々採用し、氏の表現を借りれば「世間を少なからず驚かせ」るほどの躍進となったようです。

次に、昭和5年（1930年）から松下電器が手掛けたのがラジオでした。そもそも日本のラジオ放送は、大正14年（1925年）3月22日に始まります。アメリカ合衆国の正式なラジオ放送の始まりは1920年11月ですから、日本はかなり早い時期から放送を開始しています。無線によって音声が受信できるという全く新しい家電は、人々の心をとらえ、不況のさなかも売り上げは伸びたようです。

もう少し、日本のラジオの初期の歴史について言えば、東芝（当時はまだ芝浦製作所と東京電気の2社で、1939年に両者が合併し「東京芝浦電気株式会社」となった）が、ラジオ製作で先行していたわけですが、複数のメーカーが参入し、昭和初期には、すでに月産20万台以上あったといいます。当初は安価な鉱石ラジオが出回り、また真空管ラジオであっても、乾電池を電源としたようです。しかし間もなく、より性能の良い、交流電気による真空管ラジオが普及し始めました。東芝は、すでに大正5年（1916年）に真空管の開発に着手し、翌6年に完成させ、陸軍や海軍に受信機を納入していました。

ただし、一般社会では、まだ「ラジオは故障しやすいもの」というイメージが強かったようで、それでも普及の気運が高かったのは、放送分野の明るい未来を予感させたからだと思われます。

このように、ラジオが世間で求められるようになった昭和5年当時に、松下電器もラジオの開発に着手したのです。社史などを見ても、ラジオを手掛けるに当たり、何よりも品質を重視しています。当初は松下電器にラジオ製作の技術が無かったので、自社開発をせず、同年8月に大阪の信頼できるラジオメーカーと提携し、その工場を買収して子会社の「国道電機株式会社」を設立し、松下電器の販売ルートで売り出しています。ところが、売り出してみると、故障が続発したようです。そこで、提携したメーカーに、根本的に設計を見直すよう提案しましたが、技術上の難しさを主張して譲りませんでした。やむを得ず、同メーカーと話し合い、昭和6年3月に「国道電機」を完全に松下電器の直営とし、同時に、そのメーカー自身も別途独立してラジオ事業を続けた、といういきさつがあったようです。

　こうして、わずか3カ月後には、松下電器の技術者たちにより、満足のゆく3球式ラジオの試作品を完成させています。しかもその直後、東京中央放送局のコンクールに出品したところ、1等で入選するという快挙を成し遂げています。その製品には「当選号」という受賞の宣伝にもなる名称をつけ、当時45円で発売しました。すでに当時、ラジオ価格のダンピング（採算を無視した価格競争）が横行し、25円の安価な商品さえ出ていたほどで、販売代理店などは、新規参入メーカーの価格にしては45円は高すぎるとの反対意見が多かったといいます。しかし、幸之助氏は「妥当な価格を堅持しないと、業界全体、メーカーも代理店も栄えてゆかない」と譲らなかったそうです。メーカーと販売を請け負う代理店の「共存共栄」、さらには業界の発展という強い思いを持っていたのです。かくして4年後には、ラジオ部門でも松下電器は業界のトップに躍り出ます。この一件だけ見ても、幸之助氏の信念に基づく辣腕経営ぶりがうかがえます。

さらに特筆すべきは、このラジオの生産において、当時、重要な部分の特許権を発明家の「A氏」が保有していたため、どのメーカーも設計上、大きな支障を来していたそうですが、その特許権を、昭和7年10月に松下電器が買収して、なんと無償で公開し、同業メーカーが自由に使えるようにするという前代未聞の行動を起こしています。業界の内外から絶賛されたことは言うまでもありませんが、「業界の発展」という公的な利益を優先していたのです。

以上、幸之助氏が「通念」の時代と呼ぶ初期の足跡を概観しましたが、厳しい時期が何度もありながら、手掛ける商品をことごとく成功へと導き、右肩上がりの成長を見て取ることができます。

これまで見てきた「通念」の時代の足跡の中にも、もう一つ、松下電器の初の「綱領」「信条」という「理念」の導入が、昭和4年になされています。これらは、本書のテーマに密接に関連する、特筆すべき歴史的事象なので、以下に追記したいと思います。ぜひ一読していただきたいところです。

◎住友系銀行との長い関係の始まり

昭和2年（1927年）に起きた金融危機での出来事です。これが、住友系銀行との今日まで続く関係の始まりとなりました。

住友銀行は、大正14年（1925年）9月に、松下電器本店のある大開町に西野田支店を開いています。そして翌15年末ごろから、「伊藤」という名の若い行員が盛んに幸之助氏を訪ねて、取引の勧誘を始めました。地域でよほど見込みのある会社だったのでしょう。

ところが松下電器は、すでに当時の日本の五大銀行の一つ、十五銀行をメーンバンクにしていました。十五銀行といえば、明治10年（1877年）に、岩倉具視（ともみ）の呼びかけで、元将軍家の徳川家、山内家、黒田家、藤堂家など、江戸時代の錚々（そうそう）たる大名の子孫が発起人となって設立され、毛利家の子孫が頭取になるなど、「宮内省金庫」

とも呼ばれる信用抜群の銀行だったようです。また、松下電器は六十五銀行とも補助的に取引をしていました。したがって、「伊藤君」がいくら勧誘に来ても新規取引の必要はなく、幸之助氏は、話は聞いてもきっぱり断っていたのです。それでも「伊藤君」は、数カ月の間に10回近く勧誘してきたといいます。

その執拗（しつよう）さや、「伊藤君」の人柄にもほだされかけた幸之助氏は、「その熱心さに降参はしたが、希望がある」と断ったうえで、取引するための条件を提示したそうです。それは、まず松下の希望通りに2万円を貸付けてほしい、というものでした。正式な取引を開始する前に2万円を貸してくれるかという、少々無茶な要求です。昭和初期の総理大臣の年俸が1万2千円だったといいますから、2万円というと、その2年分に近い相当な金額です。もちろん「伊藤君」は驚き、貸付ける前に、まず取引を開始してほしいと本来の手続きの順序を願ったわけですが、幸之助氏は、まず貸付が先で、それほどの信頼があればこその取引開始であるはずだ、と譲りませんでした。立場として断然強いので、かなり高飛車な要求ができたのでしょう。あるいは、相手を試していたのかもしれません。若干のやりとりの後、「伊藤君」はこの件を支店長である

「竹田氏」に話し、幸之助氏は「竹田氏」と西野田支店で会うことになりました。すると竹田支店長は、予想以上に幸之助氏の意を汲み、取引を開始する前に、まず2万円の貸付を行いましょうと約束したのです。昭和2年2月のことでした。長男・幸一が急逝した同じ月の出来事でした。

この口約束が成立して、わずか2カ月後の同年4月、思わぬ大事件が起こります。それが既述の「昭和金融恐慌」の名で知られる、数カ月間に全国で37もの銀行が休業し、そのうち28行が倒産、当時の大手商社も倒産に追い込まれるという歴史に残る金融恐慌でした。直接のきっかけは、時の片岡直温大蔵大臣が、同年3月14日の議会審議の席で、「東京渡辺銀行が破綻しました」と、実際は破綻していなかったにもかかわらず失言してしまったことで、全国各地の銀行に預金の引き出し客が殺到し、取り付け騒ぎが起きたのです。その背景には、大正期からの第一次世界大戦後の不況、関東大震災による経済への打撃と、不況が長引く状況があったと考えられます。

その金融恐慌の渦中、松下電器のメーンバンクであった十五銀行も、支払い停止という予期しなかった事態に陥りました。のちに十五銀行は、昭和19年（1944年）

に帝国銀行に吸収合併されたのですが、この金融恐慌の時点で、松下電器は十五銀行に3万5千円もの預金を持っていながら、それが全く機能しなかったのです。順調にビジネスを展開していた松下電器でありながら、とんだ災難が降りかかり、ひょっとすると万事休すの危機に追い込まれたであろうことは容易に想像できます。

ところが、強運の持ち主としか言いようのない幸之助氏は、この恐慌の2カ月前に竹田支店長との間で、貸付の口約束を交わしていたために、竹田支店長は「お約束を変更しなければならない状態でもありませんから、必要に応じて、いつでもご利用ください」と快く言ってくれたというのです。幸之助氏は、支店長に会う前に、このような状況では住友銀行といえども約束を履行(りこう)できまいと悲観的に思っていたので、ことのほか嬉(うれ)しく、また(疑ったことを)恥ずかしくもあったと、正直に回顧しています。その後、先述したように、昭和4年の大きな新工場・第2次本店の建設時にも、竹田支店長が相当の金額を用立てたようです。このようないきさつを契機として、住友銀行との永い付き合いが始まりました。ちなみに、昭和2年の金融恐慌は、皮肉にも、信用度の高い財閥系の銀行に預金が集まるきっかけとなり、住友銀行が急成長する時期とも重なっています。

このエピソードは、自叙伝の中で、特に多くのページ数を割いて細かく記されています。よほど特別な出来事であったことは想像に難くありません。思えば、同年初頭には愛児を失い、アイロンの自社開発に大いに成功しつつも、その後間もなく金融恐慌のあおりで崖っぷちに立たされ、同時に「地獄に仏」の救済を受けるという、アップダウンの激しい劇的な年でした。

この項の最後に付言しますと、自叙伝全体の中で、当初は幸之助氏の意図に反しながらも、実にしつこく「勧誘」した人物が二人出てきます。一人は、この住友銀行の「伊藤君」であり、もう一人が、天理教の信者であった知人の「U氏」です。二人とも実に粘り強く、あるいは幸之助氏の立場からすれば、執拗な勧誘を受けています。しかし、それぞれのケースで、結果としては幸之助氏の窮地を救ったり、新しい境地を切り開いたりするなど、氏の生涯に関わる重要な出来事として、自叙伝の中では、いずれも多くの紙面を割いて紹介されています。「伊藤君」は昭和2年に登場し、「U

氏」については昭和7年初頭の出来事として取り上げていますから、ひょっとすると、「伊藤君」との出会いは、のちの「U氏」とのやりとりの伏線として位置づけられるかもしれません。

◎「綱領」「信条」の導入と「産業人の真使命」の関係

もう一つ、昭和7年（1932年）の「産業人の真使命」（命知元年）の確立までの出来事として、明記しておくべきことは、昭和4年3月の「綱領」「信条」の制定です。「命知元年」の3年前のことです。以下に述べるように、命知元年後に元々の「綱領」「信条」が大きく形を変え、今日でも全社（現パナソニック）で毎朝唱和されている「遵奉すべき七精神」の策定にもつながっています。

昭和4年の「綱領」「信条」の導入と、昭和7年の「産業人の真使命（＝貧乏の克服）」とは、一見したところ、同じく会社の「理念」に関わるものですが、この両者がどのような関係にあるのかを押さえておくことが、本書のテーマにとって重要であろうと思います。というのも、昭和4年、つまり天理訪問以前に「綱領」「信条」が導入されていたとしても、幸之助氏にとっては、まだ「通念」による経営の時代にあるものとして認識されているからです。もし、この「綱領」「信条」という理念の導入が、特に重要なものであれば、昭和4年のその年から松下電器は生まれ変わった、使命を知ったと宣言してもよいと思われますが、実際そうではなかったわけで、その理由を考察しておくことで、昭和7年「命知元年」がいかに際立った特別の年であったかが鮮明になると思われます。

幸之助氏は、昭和4年3月に「松下電器綱領」を明示しました。内容を記すと、まず「綱領」は、

営利ト社会正義ノ調和ニ念慮シ、国家産業ノ発達ヲ図リ、
社会生活ノ改善ト向上ヲ期ス

とし、さらに「信条」では、

向上発展ハ各員ノ和親協力ヲ得ルニアラサレハ得難シ、
各員自我ヲ捨テ互譲ノ精神ヲ以テ一致協力店務ニ服スルコト

としています。

これらが、まず昭和8年7月27日、つまり「命知元年」の翌年に、より具体的に書き換えられ、「遵奉すべき五精神」として制定されました。その内容は、

一、産業報国の精神
一、公明正大の精神
一、和親一致の精神
一、力闘向上の精神
一、礼節を尽す(つくす)の精神

というものです。さらに、昭和12年8月10日に

一、順応同化の精神
一、感謝報恩の精神

の二つが追加され、「礼節を尽すの精神」を「礼節謙譲の精神」に改めて、「遵奉すべき七精神」として完成を見ています。これが21世紀の現在も、同社での朝礼の際に唱和されています。いまでは多くの企業で見られる社内慣習である「朝礼(朝会)」ですが、当時としては極めて珍しく、松下電器が嚆矢(こうし)と考えられているようです。また

当時、その「朝会」の後には、所歌（昭和8年2月に制定）が斉唱されたようです。「朝会・夕会」については、次章で詳しく述べていきます。

『創業三十五年史』によれば、会社が「末永く持続していくための座右の心得として」この「遵奉すべき精神」が制定された、としています。

あらためて時系列でまとめると、昭和4年に素地となる「綱領」「信条」が制定され、これに基づき昭和8年に「遵奉すべき五精神」が完成し、さらに昭和12年に「遵奉すべき七精神」として完結しました。指摘するまでもなく、「遵奉すべき五（七）精神」が制定されたのは、昭和7年の「命知元年」以降であることが分かります。この点は、幸之助氏の自叙伝『私の行き方 考え方』の「遵奉すべき精神」という項目の冒頭に、かなり詳しく書かれています。引用すると、

昭和七年五月五日の創業記念日に、わが社の遠大なる使命を発表して以来、社風の著しい向上をみたことは、実に喜ぶべき現象であるが、この気風をさらに一段と強化し、永遠にこれを持続していくには、日々の指導精神に強固なるものがなくてはかなわぬところである。私はこの点から、全社員に日々の心得として、

具体的に遵奉すべき精神を与うべきだと考え、かつまた自分自身を鞭撻する金科玉条として、(中略) 遵奉すべき精神を発表したのである。

ということです。

それでは、この昭和7年に確立された、「真使命」である社会の「貧乏の克服」と、昭和4年の「綱領」「信条」を基にして昭和12年に完成を見た「遵奉すべき七精神」とは、どのような関係にあるのでしょうか。まず「産業人の真使命」と「遵奉すべき七精神」の二つがワンセットとなり、これが幸之助氏の考える理念の総体と捉えられますが、両者はどのようにつながるのでしょうか。

「真使命」と「七精神」という二つの関係を考えるに当たり、見方の幅を少し広げて、経営史の泰斗である故・中川敬一郎博士による、「経営哲学」と「経営理念」という二つの用語の意味の違いを見てみたいと思います。中川博士は編著書『財界人思想全集　経営哲学・経営理念　昭和編』の中で、通常「経営哲学」と「経営理念」とは同じ意味のものとして使われることが多いが、少し違う意味として使いたいと述べています。つまり「経営哲学」とは、会社を発展させるための思想・考え方であるというのです。

一方、「経営理念」というのは、「社会全体にあって企業はいかなる機能を果たすべきか」という、いわば「何のために事業や仕事を行うのか」という目的を指すものとして区別しています。この区別によると、松下電器の七精神の中の「公明正大」「和親一致」「礼節謙譲」「順応同化」「感謝報恩」などは、仕事をするうえでの日常の心がけや考え方を示していますから、「経営哲学」に該当すると思われます。先に自叙伝から引用したように、幸之助氏自身も、七精神により「全社員に日々の心得」を与える必要があると書いています。あくまでも「心得」であるわけです。一方、産業人の「真使命」は、この世から「貧乏を克服する」ということですから、社会の中で企業はいかなる機能・目的を果たすのか、何のための事業であるのかという「経営理念」に相当していると考えられます。分かりやすく示すと、

「産業人の真使命（貧乏の克服）」＝経営理念＝事業の社会的目的・使命

「遵奉すべき七精神」＝経営哲学＝経営目的や使命を達成するための心得・心がけ

と区別して整理することができます。確立された真使命が経営理念として存在し、その使命実現に向けての経営哲学として「遵奉すべき七精神」があり、これを毎朝唱和している、ということになります。したがって、「経営理念」である「産業人の真使命」に目覚めたのが昭和7年であって、その年が「命知元年」となったわけです。もちろん、細かいことを言えば、「七精神」の冒頭には「産業報国の精神」というものがありますから、これだけは「経営理念」に相当すると言ったほうがいいと思われます。さらに言えば、既述した昭和4年の「綱領」の中に「社会生活ノ改善ト向上ヲ期ス」とありますから、これも「経営理念」に属すべき内容と言えるでしょう。ただし、以下に詳述するように、国や広く社会に報いるための産業というスローガンは、戦前すでに産業界一般で使われていたものであり、幸之助氏や松下電器独自のものではありません。「貧乏の克服」こそ、独自の理念として幸之助氏が発想し、当時の全社員で共有したものだったはずです。

この区別をよりよく理解するために、もう少し視野を広げて、明治時代から大正・昭和初期にかけて、当時の産業界が「綱領」や「信条」などをどのように考えていたのか、歴史的な長い視野から見てみたいと思います。後述するように、昭和4年当時に「綱領」「信条」を持つこと自体は、決して幸之助氏個人の発想ではなかったことが見て取れます。

再び経営史家の中川敬一郎博士の説明に耳を傾けますと、日本が近代国家としてスタートした明治期や大正期にかけての企業の位置は、国家に尽くすため、つまり明治政府という生まれて間もない近代国家・日本が、西洋列強と渡り合っていくための、経済的基盤の確立に向けて産業界は貢献するもの、と表現できるような時代であり、ナショナリスティック（国家主義的）な「経営理念」が掲げられていたといいます。ところが日清・日露戦争に勝利し、長年の懸案であった治外法権の問題も解決し、第一次世界大戦でも優位な立場を確立した日本の発展を背景として、一般企業の「経営理念」においても、次の段階に踏み込んでいくことになったといいます。

大正期には、国家・政府は、西洋列強に対しても一定の自信を持てるほどの基盤を形成していましたが、その一方で、長引く不況のなか、一般庶民の暮らしは楽ではなく、企業は、かつての国家や政府への貢献という視点から、大いに台頭してきた労働者および一般庶民に目を向けるようになりました。西洋社会には、社会主義概念や、ソビエト連邦のような共産主義国家さえ出現（大正中期）しており、当然、日本の労働者階級にもそうしたイデオロギーが入ってきていました。それは産業界にとって脅威であったと考えられます。同時に「大正デモクラシー」で知られるような民主的な考え方が流布するようになります。

中川博士によれば、三井などの財閥にも、「政治とくに政党と三井との関係を絶つことによって、三井を国民的な企業集団にしなければならない」といった姿勢が見えてきたといいます。また20世紀初期（日本では大正初期）、アメリカの自動車王ヘンリー・フォードが実現したとされる、高能率な大量生産が可能となることで、高賃金も得られるような労働者に利する会社運営を日本でも行うべき、という気運が高まっていったようです。つまり、国や社会に貢献するという綱領は、松下電器独自のものというより、特に大手企業社会では、かなり広く共有されていた時代であったと考えられます。そのような風潮の中で、昭和7年に幸之助氏が「使命」として提唱した、広く社会一般のためというより、さらに一歩進んで、より下層の庶民の「貧乏の克服」に貢献するという理念のあり方は、幸之助氏および松下電器独自のもの、と言ってよいのではないでしょうか。

実際、松下電器の元社員、大学の教授となった小原明氏の1998年の論文「経営理念を実践に結びつける仕組み――松下電器の事例」によれば、

調べてみると、住友では1882年に広瀬宰平が文章化し91年に改訂された「住友家法」があったが、それをもとに1928年には「住友綱領」が作成されている。これが松下幸之助のヒントになったと思われる。11年間の企業経営、その間にあった不況、金融恐慌の体験から、企業には経営の基本方針が必要であると考えて「綱領」「信条」を制定した。しかし、そのときは他の会社と同じように、経営者の心構えとして掲示し幹部に話すにとどまったとみることができる。

と書かれています。昭和4年(1929年)の時点では、幸之助氏といえども、関係

の深い住友銀行を通じて「住友綱領」の存在を知り、松下電器の「綱領」「信条」がまず制定されたと見て取ることができます。しかし「綱領」「信条」の意義や必要性を頭では理解していたかもしれませんが、少なくとも、それらを昭和4年から全社的に毎朝唱和させていた形跡はありません。既述のように、昭和8年7月、つまり真使命に目覚めた「命知」元年の翌年から、「綱領」「信条」の改訂版である「五精神」を、同年5月から開始していた「朝会」において唱和し始め、さらに二精神を追加して、「七精神」の唱和へと定まっていったのでした。このようにして、現在も知られる「経営理念」（＝産業人の真使命）に加えて、それを実現するための心得・心がけを示す「経営哲学」（＝遵奉すべき七精神）が、きれいな形で完成したと言えるのです。

まとめると、若き日の幸之助氏は、住友銀行をはじめとする当時の大手企業社会の風潮から、昭和4年には「綱領」「信条」などへと意識を向け始めたが、当初は全社員への浸透を目指すほど重きを置くことはなかった。しかし、昭和7年の天理訪問を通じて、「何のために企業経営を行うのか」という大きな使命（＝社会の貧乏克服）を独自のものとして発想し、5月5日の「第1回創業記念式」の場で全社員が共有したうえで、それを実現していくための、より具体的な心得、つまり「遵奉すべき七精神」を整備し、それを「朝会」において全社的に唱和させることにしたと見ることができます。

このように、昭和4年の「綱領」「信条」の意味と、昭和7年以降の「真使命」の意味を区別して整理することができると思います。幸之助氏が「貧乏の克服」を独自の真使命と定めたのは、すでに広く企業社会に共有されつつあった一般的な「綱領」を、すでに昭和4年に知っていたからこそ、「命知」による「貧乏の克服」という使命の独自性に自信を持つことができたのではないかと筆者には思えるのです。その意味で、昭和4年は、昭和7年への伏線のような位置づけにあるとも言えそうです。なお、幸之助氏の感得した産業人の真使命である「貧乏の克服」と、教祖中山みきの目指す「谷底せりあげ」の救済の意味については、第4章で詳しく扱いたいと思います。

「感謝報恩の精神」と「ひのきしん」の精神の類似

ところで、昭和12年に追加されたものの一つに「感謝報恩の精神」があります。ごく一般的な価値観のようにも思えますが、筆者の手元にある日本語辞典や四字熟語辞典などを何冊か見ても、「感謝報恩」という言葉は見つかりません。ある仏教系の大学ホームページや、『日本語大シソーラス』（大修館書店）に「報恩感謝」が載っています。ところが、「感謝」が先に来て、その後に「報恩」と組み合わせるのは、特異な使い方のように思われます。

どちらでも同じように見えますが、気になるのは天理教教祖・中山みきの教えによる「ひのきしん」の精神には、まず神に生かされていることを喜んで、その感謝の心をもって、人や社会に貢献しようとするあらゆる言動が「報恩」（恩に報いること）になる、という実践的意味が込められています。つまり「感謝」が先行して「報恩」に向かうという図式です。

幸之助氏は、昭和7年の天理訪問時に、目の前で「ひのきしん」に励む大勢の信者の姿を目の当たりにしました。もちろん、その用語について、U氏が説明しなかったことはあり得ません。昭和7年6月発行の社内誌『歩一会会誌』にも、一従業員である宮澤幸次郎なる人物が書いた短いエッセーのタイトルが「日の寄進」であり、その内容から、これが「ひのきしん」についての説明であることが分かります。教内でも、かつては漢字で表記する例もあったようですから、天理教の一信者によるエッセーであることは間違いありません。「感謝」の心で「報恩」の実践をするという順序は、天理教独自のものであるかどうかは分かりませんが、天理教の教えの根幹に関わるものと言ってよいでしょう。

「ひのきしん」とは、特定の時間に行う特定の行為ではなく、親神の守護によって生かされている喜びを胸に感謝の心をもって行う、あらゆる日常的行為が「ひのきしん」であり、その誠真実の態度が、親神に受け取ってもらえるという教えです。たとえ病気で床に伏していても、感謝の心で人に優しい言葉をかけることも、「ひのきしん」になるのです。逆に、同じ行為をしても、感謝の心が無ければ「ひのきしん」とは言えないでしょう。

パナソニックのホームページに、パナソニック行動基準の「第1章　私たちの基本理念」として、次のような説明が見られます。

〈私たちの遵奉すべき精神〉

一、感謝報恩の精神

感謝報恩の念は吾人に無限の悦びと活力を与うるものにして此の念深き処如何なる艱難をも克服するを得真の幸福を招来する根源となるものなり

とあります。感謝して恩に報いようとする心が、大きな力の根源になるというのです。感謝するという心から始まる「ひのきしん」の精神も、神に受け取ってもらい、明るく勇んだ心になる行為として教えられているという点では類似していると言えます。

第3章
初めて親里を歩く（午前）

この章では、松下幸之助氏が初めて天理を訪れ、午前中に見て回ったルートを、当時の写真なども示しながら、できる限り読者に追体験していただこうと考えています。ルートは、幸之助氏の自叙伝を見れば、簡単に特定できます。

午前中の見学ルート（表紙裏および180ページの地図参照）
一、駅からの参道と周辺の教団関係の大きな建物
二、天理教教会本部の広大な境内地（けいだい）（ひのきしんの光景）
三、神殿内（現在の北礼拝場）
四、教祖殿の建築風景
五、お墓地（教祖墓地）と信者墓地

このルートを追体験してみることで、もう一つの目的である、第1章で紹介した戦前の松下電器と天理教のいくつかの類似点の中から、次の3点について、より詳しく解説してみたいと思います。

本章で扱う「類似」の諸点

4、昭和8年・10年：松下電器の「事業部制・分社制」（独立採算制）
天理教の組織：本部－大教会－分教会（独立採算制）

5、昭和8年：松下電器の「朝会・夕会」の開始
天理教神殿での「朝勤（あさづとめ）・夕勤（ゆうづとめ）」

7、昭和13年「松下電器墓所の設立」
教祖墓地（豊田山墓地）

この章の本題に入る前に、そもそも幸之助氏は、どうして天理へ行くことになったのか、簡単に確認しておきます。

信者U氏による天理への誘い

自叙伝『私の行き方　考え方』の「知人に宗教をすすめられる」という項の中で、取引先の「U氏」から天理教の信仰を繰り返し勧められ、結果として、信者になるた

めではないものの、天理教教会本部を見学してみましょう、と返事したいきさつが詳しく述べられています。字数にして、およそ2千5百字も用い、U氏との詳しいやりとりが表現されています。「知人に熱心に勧められたので行くことになった」とでも書けば済むところを、実に多くの字数を使って説明しているのです。ちなみに、誘ったU氏というのは、松下電器の製品を販売していた人であることも文中に記されています。

U氏は天理教の信仰者であり、信者になったことで安心と喜びの境地を得て、事業もうまくいくようになったと自らの心境を語ります。そして、幸之助氏のように、若くして成功している経営者がこの信仰を得ることで、さらに大成功して業界の誉れになる、などと熱弁をふるい、天理教への入信を勧めています。

これに対し、幸之助氏は、U氏の日ごろの真面目さ、人柄に敬意を払いつつも、まだ信仰する気にはなれないと丁重に断っています。しかし「U氏の身の上話や熱心な態度、またそのいだく幸福感などを考えて、はじめて宗教というものについてある関心を持ったのである」とも述べています。そして、そのようなやりとりを「三、四回も」重ねた末に、信仰に入るためというよりも、「U氏の好意も黙しがたくなっているので、かねてきく本部の壮大さも見聞したいと思い」参詣することになった、ということです。

天理の盛況ぶりのうわさは、すでに幸之助氏の耳にも届いていたことも、本文から分かります。実際、大阪には相当数の信者がいて、U氏以外にも幸之助氏の知人の中に信者がいたとしても不思議ではありません。

かくして、天理へ向かうことになりました。

昭和7年「三月の上旬」「当日午前七時に大阪を発って（中略）本部に到着したのは八時を過ぎたころであった」と自叙伝に書かれています。大阪から1時間で天理へ行けた、というのです。

実は21世紀の現在でも、それ以上の時間がかかるので、本当に1時間程度で到着したのだろうかと疑問が出るところです。ところが驚くべきことに、天理への交通事情は、90年ほど前のほうが便利だったのです。当時すでに、国有鉄道（現ＪＲ）が天理教の団体参拝のための特別列車を多数運行しており、これをうまく使えば、1時間程度で大阪・梅田から天理へ行くことができました。四国・九州から船便で大阪の天保山にたどり着いた天理教信者の団体が、最寄りの桜島駅から大阪駅を通って天理（当時は丹波市駅）まで、特別団参列車なら63分で行けたことが、当時の一般紙に写真つきで紹介されています。

ちなみに、当時の幸之助氏の工場と自宅のあった大開町は、この路線沿いにあります。あるいは今日の近鉄（当時は大阪電気軌道「大軌」）に乗っても、始発の上本町駅から天理駅まで、乗り換えなしで65分、運賃65銭で運んでくれたことも確認できます。30分ごとに1本出ていたという記録さえ残っているのです。奈良県内の国鉄も私鉄も、昭和初期には現在とほぼ同じ路線が整備されていました。幸之助氏一行が、国鉄か私鉄のどちらを利用したのかは定かでありませんが、いずれにしても1時間で到着したようです。

幸之助氏はU氏に案内され、まだ肌寒い午前8時すぎに到着した天理の駅（国鉄なら「丹波市駅」、私鉄なら「天理駅」）の改札を他の多くの参拝者とともに出て、午前中だけで4時間にわたり、駅から参拝に向かう道を通り、教会本部の関連施設を歩いて巡りました。容易に特定されるそのルートを歩いてみれば、大人の足で概ね1時間余りで見て回れるほどの距離であることが分かります。つまり、午前中だけで4時間

ＪＲ天理駅の前身、丹波市駅〈昭和12年ごろ〉

近鉄天理駅の前身、大軌天理駅〈昭和12年ごろ〉

商店街（現在の天理本通り）〈昭和11年ごろ〉

もかけて巡ったということは、その道中、何度も立ち止まりながら、各施設をじっくりと見物し、かつU氏から逐一説明を受けたであろうことが伺えるのです。

◎「昭和普請」の様子を見学

さて早く本題に入るべきですが、その前にもう一点、幸之助氏が訪ねたこの時期というのは、天理教の歴史の中で極めて重要な建築ラッシュの時期であったということを、確認しておく必要があります。幸之助氏が見たのは、ごく日常の天理の光景ではなく、「昭和普請」（昭和6年から9年まで）の名で知られる、教団史上でも特別な期間でした。それは、教祖中山みきが現身（うつしみ）をかくして50年を迎える「教祖50年祭」を昭和11年（1936年）に控え、さらに翌12年は「立教100年」という、またとない大きな節目に、壮大な「教祖殿」（現在のもの）と巨大な神殿（現在の南礼拝場）とが建築されつつある、非常に賑（にぎ）わった時期でもありました。

この昭和普請2年目の3月上旬、まさに建設ラッシュの真っただ中、全国各地から多くの信者が、「土持ちひのきしん」と呼ばれる信仰活動のために入れ代わり立ち代わり帰参しており、その数は延べ170万人に上ったと記録されています。同7年3月は特に多い月に当たり、当月だけで10万人が集中した記録もあります。それ以外に、参拝するだけの一般帰参者も多数いたのですから、田園風景が広がる奈良盆地の東にある「親里（おやさと）」は、大勢の人々であふれ返っていたわけです。

境内地のひのきしん風景〈昭和7年2月ごろ〉

それでは以下に、幸之助氏一行の午前中の歩みを、当時の光景を再現しながら追体験してみましょう。

◎参道と周辺の建築群

駅を出た幸之助氏とU氏は、多くの人々の流れのままに参道の一つ、今日の「天理本通り（ほんどおり）」に入りました。その通りは今も昔も、駅から東へ向かって1キロメートル余り、ほぼ一直線に伸びており、両サイドには商店が軒を連ね、東端に抜けると、天理教教会本部の広大な境内地が広がっています。その位置関係は今日も変わりません。

この参道は、戦後の昭和37年（1962年）にアーケード化され、現在も飲食店や土産物屋などが180軒ほど並んでいて、昭和の匂いのする一般的なアーケード街と変わらぬ風景ながらも、やはり教会本部のお膝元らしく、神具・装束店などが目立つのが特徴的です。昭和初期当時は、現在よりも道幅は広く、人間だけではなく、大八車などの通行も見られたようです。

幸之助氏は、人通りの賑やかなこの参道の両側を見ながら、

半分といってもよいほど、おもだった建物は教団の施設であり、しかも、その建築の広大さは、比を他に多く見ないというありさまであった。（波線部、筆者）

と驚いています。

U氏は、幸之助氏の驚く様子を横目に見ながら、この賑やかな参道も、かつては農家が点在し、田園の広がる片田舎であったことを告げたかもしれません。そして明治18年か19年ごろに、教祖中山みきが「ここは、人間はじめ出したる元の屋敷である。

「昭和普請」略年表

昭和6年(1931)	1/7	教祖殿・神殿建築計画を発表。境内地の住居、各施設、詰所などの移転工事始まる
	6/26	神殿・教祖殿起工式（昭和普請開始）
	9/15	丹波市駅側線部完成（既存の天理教専用側線を北へ延長し、材木運搬用レール敷設）
昭和7年	1/15	合殿・御用場の基礎工事開始
	7/26	教祖殿、立柱式
	9/26	教祖殿・御用場上棟式
昭和8年	3/1	回廊起工式
	8/26	神殿礼拝場の立柱式
	10/25	教祖殿新築落成奉告祭
昭和9年	3/26	神殿礼拝場上棟式
	10/24	神殿落成につき遷座祭
	10/25	神殿改築、南礼拝場増築落成奉告祭（普請完了）

先になったら、世界中の人が、故郷、親里やと言うて集まって来て、うちの門口（かどぐち）出たら、何ないという事のない繁華な町になるのや」と語り、今まさにその通りになっていることなど、教祖の予言を誇らしげに語ったことでしょう。

またU氏でなくとも、信者なら、先ほどの幸之助氏の記述「おもだった建物は教団の施設」とは何であるかを、すぐに答えることができたはずです。それは「信者修養所」、一般には「信者詰所」と呼ばれる、信者の修養のための宿泊機能を併せ持つ建物群でした。もちろん、信者詰所以外の教会本部関連の諸施設も、当時の地図などに散見されます。ちなみに、信者詰所の多くは現在、参道近辺から移転し、天理市内の各所に大小約150カ所を数えるほどありますが、当時は数十の詰所が、この本通り近辺で見られたはずです。

ここで、信者の宿泊関連の歴史を概観しておくと、天理教の立教は天保9年（1838年）ですが、初期の信者たちは概ね近隣の地元住民であり、次第に奈良盆地や南部の山間の村々へと広がり、たいていは徒歩で日帰り参拝ができる距離に住んでいました。もとより、宿泊を要する信者は多くなく、たいていは「おやしき」と呼ばれる教祖の中山家や近隣の家などに泊めてもらったようです。

ところが明治期に入ると、初期の信者が各地で布教し、やがて奈良はもとより京都、大阪、兵庫といった近畿一円、そして四国の各地、さらには愛知、静岡、東京、そして中国・九州方面へと布教線が伸びていきました。信者の増加に伴い、当初は天理の近辺にできた数少ない宿屋に泊まっていましたが、それでも足りない場合は、礼金を払って地元の民家に泊めてもらったと伝えられています。

明治20年代に入ると、宿泊施設の不足状況は深刻さを増し、その対策として、まず神戸に拠点のあった現在「兵神大教会」と呼ばれる教会が、明治28年（１８９５年）に本部神殿の西方近くに宿泊施設を建てました。これが嚆矢となり、その後は、ほかの大教会も次々と宿泊所を建てて、45年（１９１２年）までに27の信者詰所が教会本部の周辺、とりわけ参道（天理本通り）周辺に建て詰むようになりました。

幸之助氏が訪れた昭和初期には、信者数は全国各地や海外で数百万人を超えるほどいたといわれており、宿泊施設も自然と大規模化せざるを得なくなったわけです。後年、それら詰所施設の多くが、参道から離れたところへ移転しましたが、今でも幸之助氏が見たであろう木造の古い詰所の一部は使用されています。

このように、「大教会」と呼ばれる、日本各地に散らばる大規模な教会が信者詰所を持っていましたが、その大教会には、さらに多数の「分教会」と呼ばれる小規模の教会が所属しています。およそすべての信者は、この大教会に直接所属するか、あるいは各分教会に所属していました。天理教の教えを聞いて身も心もたすけられた人が信者となり、たすけてくれた布教師の所属する大教会、あるいは分教会に所属したわけです。

こうした救済の順序に基づく流れを単純化して示すと、天理教は、「本部－大教会－分教会」という形で、それぞれの大教会に所属する分教会が「系統」と呼ばれる縦の組織を形成しています。そして、その特性として、先述したように、各大教会および各分教会の教会長の責任のもとに「独立採算」で運営されています。このような教団組織によって、全国に散らばる数百万人もの信者が、信仰上のアイデンティティーを共有しつつ、必要に応じて本部に参集して活動しているのです。こうして各大教会と分教会が運営されているという点において、実は幸之助氏が発案した、当時の日本企業では画期的な「事業部制」（のちの「分社制」）に類似しているということを、以下に詳しく説明していきたいと思います。

松下電器の「事業部制・分社制」と天理教組織の特性（類似の4）

「命知元年」の翌年、昭和8年（1933年）に、松下電器は創業の地である大阪市此花区大開町から大移転し、当時まだ田園の広がる郊外であった、大阪市から北東の方角、現在の門真(かどま)市と守口(もりぐち)市に、7万平方メートル（2万1千600坪）もの広大な土地を買収して新しい本店と工場群を建設しました。

社史によれば、所要資金50万円のうち30万円を、住友銀行から無担保で融資を受けたといいます。世間は長引く不況下にありましたが、当時、松下電器の生産販売は月平均50万円を超えており、幸之助氏には十分な勝算があったのでしょう。実際その後の大発展につながっています。そして、この新社屋において、「事業部制」という当時の日本では極めて珍しい経営の仕組みを発案し、開始しています。一説には、日本で最初にこの制度を採用したのは松下電器であるともいわれています。

社史『松下電器五十年の略史』によれば、門真に新本店と工場群の建設工事完了を目前にした昭和8年5月、つまり「第1回創業記念日」のちょうど1年後、幸之助氏は事業を製品分野別の「責任経営」にすることを決定したといいます。

当初は、工場群を以下の三つの「事業部」に分けていました。

ラジオ部門を「第一事業部」

ランプ・乾電池部門を「第二事業部」

配線器具・合成樹脂・電熱器部門を「第三事業部」

そして第一事業部だけは、最初から生産だけでなく販売も併せて担当させたそうですが、翌9年2月には、第二、第三の事業部も同じ方式を採用するとともに、同時に、第三事業部から電熱器部門を独立させて第四事業部とした、というのです。各事業部は、生産と販売を直結し、一つひとつが小独立企業のように市場の動きに即応する長所を発揮した、と説明されています。「小企業の長所を失わないで大企業に成長する体制」が事業部制である、と社史に書かれています。

さらに、昭和10年12月には、電器器具メーカーの代表格として、それまでの「松下電器製作所」という個人企業から、株式を公開して「松下電器産業株式会社」という法人となり、さらなる飛躍の時を迎えています。これと併行して、「事業部制」は、さらに発展した「分社制」という名称へと変わりました。それは事業部門別に、次のように、親会社のもとに9社の子会社を傘下にするというものです。

松下電器産業株式会社（親会社）

松下無線株式会社（ラジオ・部品）

松下乾電池株式会社（乾電池・ランプ）

松下電器株式会社（配線器具）
松下電熱株式会社（電熱器）
松下金属株式会社（金属部品）
松下電器直売株式会社（官公庁会社向け販売）
松下電器貿易株式会社（輸出入）
松和電器商事株式会社（提携会社製品の販売）
日本電器製造株式会社（合成樹脂製品）

このような事業部制あるいは分社制の特性で最も大切なことは、それぞれが独自の工場を持ち、研究・開発・生産・販売・経済収支の意思決定のすべてを、独立した会社のように「独立採算で責任を持つ」というものであり、従来の日本企業としては実に画期的な経営のあり方でした。付言すれば、戦中戦後の混乱期を経て、昭和25年（1950年）3月には、昭和8年当時の三つの事業部に分ける事業部制として復活し、社史にも「工場別独立採算制」が謳（うた）われています。

事業部制にしても分社制にしても、その際だった特徴は、独立・分権とそれに伴う責任というもので、各部門あるいは分社の長は一国一城の主（あるじ）、つまり社長として経営責任を負うことになるというものです。

元松下電器社員で学術研究者となった小原明氏の論文（1998、第一経大論集第28巻第1号）によれば、責任を持つ経営という基本的方針を持つこの事業部制では、各事業部の長ばかりでなく、その下部の諸部署の単位もまた業績に対して強い責任を持つ、といいます。無論、各部署まで独立採算ということではないにせよ、社員一人ひとりが社長のように経営に責任感を持つ意識を育てる、という幸之助氏の強い意図が見てとれる、と指摘しています。よく知られているように、幸之助氏には『社員稼業』というタイトルの著作もあり、社員一人ひとりが雇われている身分というより、「独立した事業を営む主人公であり経営者である」ことを自覚して強い責任をもって働くことを奨励しています。これは、「自主責任経営」という幸之助氏の用語・信念としても、よく知られています。

ちなみに、事業部制のような独立採算の組織経営は、海外の事例では、すでに1920年代に、米国のゼネラルモーターズ社やデュポン社などが採用していたそうです。

また日本では、1908年に三菱合資会社のような財閥が、鉱山部、造船部、銀行部、庶務部の4部を置いて、本社の統制と事業部の経営を区別したという前例があることも、前述の小原氏やヒルシュマイヤー氏などの研究者が指摘していますから、松下電器の例が日本の企業として全く初めての試みというわけではないことも確認しておく必要があります。

しかし、当時の一般的な日本企業とすれば、非常に大胆で画期的な手法であり、広く大阪を見渡しても、そのお手本とすべき会社が身近にあったとは思われません。もちろん海外、特にアメリカのような先進的な企業情報も書籍などで入手できた時代ではあったでしょうが、事業部制について、それを参考にしたという確かな証拠は見当たりません。

組織の各事業部が独立採算で自主経営を行うという、当時とすれば極めて珍しい仕組みは、企業社会に限れば事例は稀（まれ）だったでしょうが、一歩外の世界、たとえば宗教界へ目を移してみると、意外にも、すでに実施している組織があったとすればどうでしょう。それが天理教にあったならば、幸之助氏もその仕組みを容易に学習できたはずです。では次に、その天理教の組織について説明したいと思います。

天理教組織の形成と特徴

天理教は、当時も今も奈良盆地の東の同じ位置に本部があります。その構成組織としての教会は、北は北海道から南は沖縄まで、そして海外も含めて1万6千358カ所あり（文化庁『宗教年鑑』平成26年版）、その組織形態では、150カ所を超える「大教会」と呼ばれる本部直属の教会が、それぞれ「独立採算」によって成り立っています。そして、それぞれの大教会には、さらに数十から数百の「分教会」という名の中小規模の教会が、やはりそれぞれに独立採算で運営責任を負っています。

このシステムは、昨日今日（きのうきょう）始まったものではなく、明治20年代初期から、基本的仕組みは変わっていません。さらに遡（さかのぼ）って歴史的に見れば、教会という呼称を使う以前は、「講」（あるいは「講社」）という日本古来の神社仏閣の信徒集団にその祖型を見ることができます。

教祖中山みきによって教えられ、信者が日々親しんでいる原典の一つ「みかぐらうた」の中には、「どうでもしんぐ〳〵するならバ　かう（講）をむすぼやないかいな」（五下り目10）という文言があります。

幕末の文久2年（1862年）前後から、教祖は、寄り来る信者が増えるに従い、「講を結べ」、つまり「講」という小集団を単位として祭儀や信仰活動を行うように促していたようです。江戸時代には、神社仏閣に「伊勢講」や「善光寺講」などがありましたから、そのような「講」が、天理教で想定されていたと考えられます。要は、信者数が多くなるにつれて、講を結んで縁のある者同士で小集団をつくり、定期・不定期に集まって、「おつとめ」と呼ばれる祭儀を行い、また信仰について話し合い助け合うといった営みが、次第に一般化していったようです。必要な金銭や物資は、それぞれの講の構成員が出し合うわけですから、それぞれに収支は独立していました。このような「講」が、のちに「教会」という名称へと変わっても、基本的には同じような特徴を持っていました。

しかし、これら初期の講という信仰集団は、自然発生的であり、政府の公認を受けたものではありませんでした。

教祖在世中の、明治中期ごろの宗教とは、日本古来の神道と仏教、外来宗教ならキリスト教というのが一般的な認識であり、現在のような「新宗教」という範疇はありませんでした。当時の天理教は、名目上、明治18年（1885年）5月23日に神道本局から「神道本局直轄六等教会」という、神道の一派として認可を受けたにすぎませんでした。つまり、政府や地方庁からの認可は受けていなかったことになります。

こうしたなか、明治20年に教祖が現身をかくし、翌21年の陰暦正月26日に「教祖1年祭」を執行している最中に、警官が踏み込んできて祭典の中止を命じます。教祖年祭の中止という、信者にとれば残念無念な事態を機に、あらためて教会認可の必要性を痛感し、東京府（当時）へ申請を行い、明治21年4月10日付で「神道直轄天理教会」が認可されました。その後の約10年間で教勢は急成長し、全国に約百万人もの信者に膨れ上がったといいます。実はその後も、政府からの弾圧という長い苦節の年月がありましたが、その詳しい説明は、あらためて第4章で扱います。

とにもかくにも、こうして幸之助氏が訪問した昭和7年には、約50カ所の「大教会」が出現しており、その下部組織である「分教会」とともに全国的に点在していました。

日本各地にある大教会には「神殿」が建てられ、教祖が教えた「おつとめ」を朝夕勤めていました。そして、それらの大教会が、幸之助氏も親里を歩きながら見て驚いた、参道沿いに各自の「信者詰所」を本部の許可を得て建設していたのです。

繰り返しになりますが、本章のテーマにとって重要な事実は、これら大教会も分教会も、それぞれに「大教会長」「分教会長」といった、それぞれの教会を代表する中心人物（元々は一布教師）が、いわば社長のような立場で、責任を持って独立採算で運営を行っていたという点です。さらに言えば、一人ひとりの布教師もまた、最初から経済的にも独立して布教活動を行っていました。教祖に代わり、あるいは教祖とともに、世間の悩み苦しむ人に一人で教えを伝え、たすけていくという布教活動を通じて信者へと導き、やがて新しい「教会」が設立されるというのが、天理教の教勢の広がり方でした。教会本部が直接企画したり、直接命じて指示を出したりすることは限られていました。

この「自主独立」という特性の一つの証左として、天理教は、神道系宗教、仏教系宗教、キリスト教系宗教、その他日本のすべての宗教団体の中で、２番目に多い「宗教法人格」を持っています。平成26年度版『宗教年鑑』などによれば、最も多いのが仏教系曹洞（そうとう）宗で、1万4千545の「宗教法人」を持ち、2番目が天理教で1万3千957法人となっています。ちなみに3番目に多いのが、浄土真宗本願寺で1万269法人、これ以外で、数千単位の宗教法人格を持つ宗教団体はせいぜい数カ所で、その他大多数の宗教団体は二桁か一桁の宗教法人数となっています。天理教は法的にも圧倒的に多数の法人格、つまり「独立した組織」の集合体であるという特徴が、教団の早い時期からあったと言えるでしょう。一布教師も、分教会や大教会の組織の長も、すべて経済的な独立採算を基本としているのです。

37歳の幸之助氏は、昭和7年に天理を訪問し、後述するように、まず眼前に多くの信者を目の当たりにし、当時の信者数が全国におよそ数百万人と聞いて、一体どのようにそれほどの大集団になったのか、どのように全体を統括しているのか、経営者として当然疑問を持ったはずです。当時の幸之助氏は、1千人余りの社員を抱える責任者ですから、一つの方向に人の心と動きをまとめていくことの難しさを痛感していたのではないでしょうか。通信・交通手段に限度のあった当時、全国から百万単位の人々が、入れ代わり立ち代わり天理にやって来て無償で嬉々（きき）として働いている。そんな組織の構成員の独立性と同時に、全体の統一性はどのようにすれば可能となるのか。そのことに少し意識を向ければ、幸之助氏でなくとも興味を示したはずです。ただし、天理教の組織の姿が、実業界の会社組織にも応用できるなどと発想した人は皆無であったと想像されます。それほど幸之助氏には、特別の慧眼（けいがん）があったと思われます。

推測するに、幸之助氏は、天理教が、教祖中山みきの説いた「世界たすけ」の教えを信者共通の「使命観」として持っており、同時に、組織的には、地域別や人間関係により形成された人間集団のユニット（大教会や分教会や信者個人）が、それぞれ自主的に独立採算で活動していることにより、数百万人の人間が、命じられなくとも自主的に各地域で個別の活動を行い、時として本部などでの大規模な事業にも教団を挙げて共同歩調を取ることが可能となっているという、格好の成功モデルを見いだしたのではないでしょうか。これほど大規模で、具体的で、理解しやすい経営モデルを、当時の一般企業は言うに及ばず、おそらく他の宗教団体にも見いだすことはできなかったはずです。

幸之助氏は後年、事業部制・分社制の導入理由については、松下電器が大きくなったので、一人ではすべてを見ることが難しくなったとか、生来身体が弱かったので、人に任せるという方針となった、といった理由を挙げていることが知られています。また、昭和8年以前にも、既述のように、昭和2年に電熱器部門の開発と運営を信頼できる部下に一任したという前例が、事業部制の萌芽的な姿として解釈されています。昭和2年のその試みは失敗に終わったことも既述の通りです。これらはいずれも間違いのない事実でしょうし、発想の原点がそこにあったと指摘することはできます。

しかし、「命知元年」以後に、あらためて事業部制を本格的に導入しているという時系列上の事実も看過できないはずです。昭和8年から会社規模を桁違いに大きくし、さらに株式の公開を行って、すぐに分社化するという英断のなか、当時いまだ産業界を見渡しても前例のない「事業部制・分社制」を導入するに当たっては、なんらかの確信がなければ踏みきることは容易でなかったはずです。身体が弱かったからという事情説明は、「状況説明」であって、前例のない制度の採用に大胆に踏みきるという「原因説明」であるとは言いにくいと思われます。むしろ、天理教組織の多くの大教会や分教会が、それぞれ独立しながらも、教団の理念や使命観を教祖の教えに基づいて共有することで本部への求心力を高めつつ、全教的統一行動とともに個別行動も柔軟に行える、という大規模な先行成功例を天理教の姿に見て、それをモデルに、自社の現実に相応しい形を徹底的に模索し構築したと推測することは、全くの的外れとは筆者には思えないのです。

幸之助氏の知った天理教のそのような姿は、教祖が現身をかくしてのち、明治20年以降の先人たちが、前例のないなか苦心・工夫して形作ったものでした。それが結果として、図らずも近代産業界にも見られない組織の姿になっていたものとも解釈されます。

ちなみに、幸之助氏の思考の中には、「企業組織」と「宗教組織」の間に垣根があったとは思えない節があります。あくまでも傍証にすぎませんが、パナソニックのホームページの中に、「自主責任経営を支える考え方」という項目があり、その中に、1964年7月の幸之助氏による「本社での会長講話」の概要が記されています。講話のタイトルとして「本社は本山の役割を」と、ちょうど宗教組織のように、会社組織をなぞらえているのです。少し引用してみます。

本社は、あたかも宗教でいう本山のごときもんやと思うんです。事業部の方々が、日々難しい仕事に取り組んでいる中で、うまくいく場合も、いかん場合もある。悩む場合もありましょう。そういうときには、本山へ参っていただく。そうすると、玄関入るときは、みな難しい顔して入るけれども、本山で本山の人に会ったら力づけられる、勇気づけられる、いい知恵を借してくれる。そして帰りはにこにこして帰ると、そういうような本社にしなくてはならん。(後略)

このように、幸之助氏は、企業組織の本社と宗教組織の本山に、ほぼ同じような位置づけを行っています。

天理での幸之助氏一行の見学ルートの追体験に話を戻しましょう。幸之助氏は、「ひのきしん」という天理教独自の奉仕活動を目撃しました。「ひのきしん」という用語は、自叙伝の中には記録されていませんが、戦後の発言集や幸之助氏自らが書いたものを読むと、「ひのきしん」という用語を使って、昭和7年の訪問時に目の当たりにして強い印象を受けたと語っています。

「土持ちひのきしん」の人波

参道を東端へ抜けると、広い教会本部の境内地(けいだい)の南西の端に行き当たることは、今も昔も変わりません。広大な神苑が一気に目の前に開けたはずです。境内地といっても、あまりに広く、北の端や東の端がどこまであるのか、初めての訪問では見当もつきにくいほどです。

その日も朝から相当数の信者が、個人あるいは団体で来ており、参拝を終えて帰る人、これから神殿へお参りに行く人の様子があちこちに見られたはずです。既述したように、この3月は「ひのきしん」の希望者だけで10万人もの信者が往来したという絶好のタイミングでした。北に目を向けると、境内の中央部には、幸之助氏もうわさに聞いていたという大きな神殿(今日の北礼拝場)がそびえ立ち、また南には、広大な神苑周辺の基礎工事をしている様子が見られたはずです。

神苑での土持ちひのきしん〈昭和６年ごろ〉

そのような、いわば雑踏のようでありながら、大群集が一つの共通目的を持ってそれぞれに活動している広い境内地を、向こう側から、つまり北の方角から、神殿の横を二人一組で木の棒のようなものを両側から担いでテンポよく歩く光景が視界に入ってきたはずです。その人波を見ている一般の参拝者たちも、人垣をつくっています。他所では見られない非日常的風景と言ってよいものです。

幸之助氏も、「何だろう？」と目を凝らしたはずです。そして「あれは何ですか？」とU氏に尋ねたことでしょう。U氏はしたり顔で、「あれは土持ちひのきしんですよ」と返答したかもしれません。しかし、「土持ち」は理解できても、「ひのきしん」とは何のことだろう、と幸之助氏の頭はますます分からなくなったはずです。信者でなければ知らない言葉で、「ひのきしん」とは、教祖中山みきによる天理教独自の教語だったからです。

「ひのきしん」というのは、現在はひらがな表記で書かれていますが、かつては漢字で「日の寄進」とも書かれていたといいます。従来「寄進」といえば、神社仏閣へ功徳のためにお金や物品を寄付する行為であり、比較的裕福で経済的に余裕のある人だけが行えるものでした。たとえば将軍家や大名などが、身内の病気平癒などを祈願して、神社仏閣を建立したり修復の経費を出したり、灯篭などを寄進したりするときには、田畑も併せて寄進（寄付）したといいます。その田畑から収穫される農作物を、神社や仏閣が金銭に換えて蝋燭などを購入することで、半永久的に灯をともすことができたようです。このような祈願の仕方は、有力者、商人、庄屋など、経済力のある人だけができることでした。一方、経済的に余裕のない庶民は、お百度参りなど、自らの身体を使うことで神仏へ祈願していたと考えられます。

それでは、天理教教祖が教えた「ひのきしん」とは何かと言えば、この世、つまり社会と自然界のすべては「神のからだ」であるとして、その「神のからだ」において、人間は神の守護によって生かされて生きている。具体的には、人は意識せずとも、寝ている間も常時生かされているのであり、また食べ物を口に入れて咀嚼（そしゃく）するだけで、必要な栄養素を身体の隅々にまで取り入れられるシステムが備わっている。こうした人知を超えた生命維持のメカニズムそのものが〝神のはたらき〟として身の内に満ちており、人は生かされているという真理をまず自覚し、感謝し、喜びの心をもってする言動は、すべて親神への「寄進」になる、ということです。お金に余裕がない人でも、生きている限り、誰でもどこでも日常的にできる「寄進」の仕方を、教祖が教えたものと考えられます。つまり、日常的に誰でもできる日々の寄進ということで、「日の寄進」（ひのきしん）と呼ばれているのでしょう。そして、ひのきしんについては、

よくをわすれてひのきしん　これがだいゝちこえとなる
（みかぐらうた　十一下り目4）

と教えられるように、見返りを求めない純粋な心、感謝と誠の心で行う言動が、結果として自己の運命を良くしていく肥やしとなる、と説きました。日常のあらゆる場面

できる「寄進」が、ひのきしんであり、その教えは今も変わりなく信者に受け継がれています。

このように、ひのきしんは単なるボランティアや無償奉仕ではなく、まず神に「生かされていることに感謝」することを行為の出発点としています。第2章で紹介したように、松下電器の「七精神」の最後の7番目の精神が「感謝報恩の精神」というもので、まず「感謝」が最初に来て、それが「報恩」となる、という順序についても、まさに「ひのきしん」の順序と重なって見えてきます。こうしたひのきしんの中でも、もっこに土を入れて運ぶという、一見すると単純な作業を、特に「土持ちひのきしん」と呼んでいます。教祖の書き残した、

なにかめづらしつちもち（土持）や　これがきしん（寄進）となるならバ

（みかぐらうた　十一下り目7）

という歌の一節も、信者の間ではよく知られています。

この「昭和普請」の神殿・教祖殿建築に際しては、教会本部北方の小高い山から大量の土が運ばれ、基礎固めとして使われました。その作業に、延べ170万人もの老若男

女が手弁当で参加したのです。戦後、教会本部の普請で幾度も見られた光景ですが、昭和普請ほどの規模は稀であったはずです。各自が運べる量の土をもっこに入れてもらい、勇み心そのままに、いとも陽気に汗を流す光景が見られたはずです。

写真は、昭和7年のある時期、東京から一度に2万人もの団体参拝者が来ており、一斉に土持ちひのきしんを行ったときの記念写真です。このような熱気のさなかに、幸之助氏は10時間近く、U氏の解説つきで身を置いたことを想像してみてください。

土持ちひのきしんにいそいそと励む、おびただしい数の信者の姿に、幸之助氏は何十年も経（た）った後年でも、感銘を受けたと語っています。通常「人が働く」とは、生活のためであり、代価をもらって当然です。ところが、庶民の生活が決し

て楽ではなかった当時、これほど多くの人々が、実に楽しそうに無償で働いているとはどういうことか⁉　男性ばかりではない、むしろ男性よりも多いかもしれない女性たちも参加している。しっかりとした足取りの高齢者の姿も見える。なかには、あどけない少年や少女の姿もあり、同じ背丈の子供同士で1本の棒を前後から担ぎ、棒の中央にぶらさげたもっこに少量の土を入れ、大人たちの足取りに遅れまいと懸命に、しかしどこか楽しそうに運んでいるではないか。その子らを、すぐそばで身内とおぼしき大人たちが見守りつつ、テンポよく土を運んでいる。大人も子供も、揃（そろ）いの黒い法被（はっぴ）をまとい、頭には、ほこりよけの日本手ぬぐいを被ったりしている——。

　ただ、このような土持ちひのきしんへの参加者は、天理に長期滞在するわけではなく、大多数が一両日か最長でも数日程度だったと思われます。新しい奉仕者が入れ代わり立ち代わり、全国から帰参して汗を流したのでした。

このような光景を、幸之助氏はしばらく我(われ)を忘れて眺めていたはずです。ほかでは見ることのない、こうした「働き」の姿にこそ、幸之助氏がよく語っていた、「通念」では到底理解し得ない領域があることを思い知ったに違いありません。それまでも長年、人間を理解し、また人情も分かっていたはずの幸之助氏だったでしょうが、商売で一心に一生懸命に歩む中でも、知ることのなかった人間の心の領域があることを実感したのではないでしょうか。

おそらく幸之助氏が、それまでに見てきた他宗教の普請であれば、信徒たちが寄付しても、実際に働くのは雇われた大工であり、専門の建築業者であったはずです。お金などを寄付した人々は、自身の名前を寄進者一覧表などに張り出してもらったり、灯篭などに氏名を彫り込んでもらったりするのが一般的であって、寄進者自ら労働することは通例ではなかったはずです。天理教の場合も、専門の建築業者が携わらなければ、巨大建築を完成させられないことは同様です。しかし、基礎となる石や土運び、材木の運搬などは、専門家の指導があれば誰でも参加できます。ましてや、「ひのきしん」という教理上の聖なる意味合いが付与された「働き」なら、男性信者はもとより、女性や子供でさえも、信仰的意味を感じて楽しく「働く」ことができるはずです。この天理教の特徴的な「働き」の現場を、幸之助氏は目の当たりにしたのです。

天理教では「寄進者」の氏名は、神殿や境内のどこにも公表・公示されることはありません。にもかかわらず、信者たちは喜び勇んで奉仕し、意気揚々と各地へ帰っていきました。名前を残してほしいのではなく、各自の行為も、その心中も、すべてを「見抜き見通しておられる」という親神、そして教祖が見てくださることだけで、さやかな「恩返し」ができていると思える、その信仰的実践の場を、幸之助氏はまざまざと目撃したことになります。

「ひのきしん」とは、幸之助氏の言う「通念」（＝自分のため、生活のため）に基づく行為ではないからこそ、逆に、明るい心で勇んで動けるのだと、幸之助氏は次第に理解したのではないでしょうか。だからこそ、「使命観を持つこと」（＝私利を超越して神や教祖や、公的利益のために働く）の重要性を、天理訪問を通じて知ったと公言したのだと考えられます。

本部の広い神苑で、ひのきしんという聖なる「働き」に初めてふれた幸之助氏は、U氏に促されて、当時唯一の礼拝場であった「本殿」（現在の北礼拝場）に昇殿したのでした。

「本殿」での参拝

幸之助氏自身の描写を、そのまま自叙伝から引用すると、

> 本殿へ参拝した。その建物の規模の壮大さといい、用材の結構さといい、普請の立派さ、ことに掃除の行き届いて塵一つ落ちていないありさまなどには自然と頭が静かに下がるのを覚えたのである。また信者の人々も神殿の歩行には、他宗教の本山などには見られないような静粛さと敬虔さがこもっており、その神殿の前に額ずく様には一見して熱心な信者とおもわしめるものがあった。自分もこの雰囲気につられて、思わずもうやうやしい念にうたれて礼拝をしたのである。

と書き残しています。

確かに21世紀の現在でも、神殿も板張りの回廊も、毎日丹念に掃除されており、塵

一つ見られません。決められた担当者（修養科生という信仰修養機関の志願者など）が朝夕決まった時間に清掃していますが、そればかりではなく、一般信者が信仰実践の一つとして、赤ん坊がハイハイするように四つん這いになり、回廊を布巾で磨きながら進む個人や団体もまた、毎日のように見られます。これも、ひのきしんの一つの姿です。神殿は365日24時間、誰にでも開放されていますから、そのような姿が夜間でも見られます。回廊の板と板の間のわずかの隙間から、溜まったほこりを竹串のようなもので掻き出している姿も、しばしば見かけます。幸之助氏が初めて天理訪問をした際にも、今と同じひのきしんの姿がそこかしこで見られたはずです。給料も謝礼もなく、命じられたわけでもなく、誰かからお礼を言われるわけでもないのに、どうして人は働くことができるのか。しかも真剣に、また嬉々としてと、次から次へと疑問が浮かんでも不思議ではありません。

　幸之助氏の昇殿した「本殿」について分かりやすく説明するために、まず初めに、現在の天理教教会本部の神殿について説明します。現在は、昭和7年に幸之助氏が見た「本殿」の10倍を超える規模になっており、礼拝の目標である「かんろだい」を東西南北から囲んで向かい合う四つの大規模な礼拝場があります。後で詳述するように、四つの礼拝場によって囲まれている神殿の中央に9間2尺（56尺）四方の空間があり、そこに玉砂利が敷き詰められ、さまざまな野菜や果物や乾物などが毎日お供えされています。その空間の中央に、「かんろだい」という六角形の柱状の台（高さ8尺2寸＝約2・48メートル）が据えられています。この「かんろだい」が立っている地点を「ぢば」と呼び、この地点で元初、人類が創(はじ)め出されたと、教祖が明かしました。すべての人類が宿し込まれた場所ということから、この「ぢば」へ参拝に来ることを「おぢば帰り」と呼んでおり、その周辺一帯を「親里」、つまり、すべての人類の親である親神がおわすふるさと、としています。そこで、この天理を初めて訪れる人も、自宅に帰ってきたときと同じように、「おかえりなさい」というあいさつの言葉が誰彼ともなく投げかけられます。

天理教に、仏像などに相当する偶像は一切ありません。現在、神殿を中心に四つの巨大な礼拝場が「ぢば」の周りを囲んでいます。「北礼拝場」「南礼拝場」「東礼拝場」「西礼拝場」と、それぞれ呼ばれています。「ぢば」に向かって東西南北の四方どこからでも、信者は拝をすることができます。幸之助氏が訪問した昭和7年には、今日の「北礼拝場」だけしかありませんでした。このとき、そのすぐ北方に教祖殿を、そして南方に「南礼拝場」を建てようとしていたわけです。

なぜ、礼拝するための建物が四方にあるのかといえば、神の屋敷は、四方いずれの方角からも正面であり、参拝する者の心が鏡のように映し出される場所である、といった意味で、「四方正面鏡やしき」との神言があります。それが現在の建築様式になっていると言えるでしょう。通常の宗教施設なら、聖壇などに向かって一方向からの礼拝を基本スタイルとしている例が多いでしょうが、天理教では「ぢば」に向かういずれの方向すべてを正面としているのです。

ちなみに、現在の東と西の礼拝場は、「教祖100年祭」(昭和61年)を迎えるための「年祭活動」の一環として普請され、これをもって初めて「四方正面」の形が実現しました。幸之助氏が見た「本殿」は、本来の姿に、いまだ至っていない初期段階のものでした。

昭和7年（1932年）の幸之助氏の訪問時に話を戻すと、最も早く完成していたのが、自叙伝に「本殿」と書かれた現在の「北礼拝場」であり、大正2年（1913年）に「大正普請」（明治44年～大正3年）の主要事業として完成したものでした。現在の建坪926・87平米、高さ23・6メートルという、総檜（ひのき）造りの大規模な建物です。北礼拝場を見れば、幸之助氏が当時目にした光景を追体験することができます。

そして、幸之助氏が目撃した「土持ちひのきしん」によって地固めがなされ、その上に建てられた新しい神殿（現在の南礼拝場）が、昭和9年に完成したことは既述の通りです。その規模は、1千366・5平米の総檜造りであり、先述の「本殿」（北礼拝場）よりも大きいものでした。

先に述べたように、幸之助氏は初めて「本殿」に入ったときの様子や自らの心情を書き残していますが、これ以外にも、二つの点で、筆者には気になるところがあります。どちらも天理教と幸之助氏との接点という本書のテーマに関係することですから、一つずつ説明していきます。

現在の天理教教会本部を南側上空から撮影したもの。
手前は四つの礼拝場、奥は教祖殿

現在の北礼拝場内の様子

松下電器の「朝会」「夕会」と天理教の「朝勤」「夕勤」（類似の5）

一つ目は、昭和8年（1933年）から、松下電器全社で始まったという「朝会・夕会」についてです。いまでこそ、日本の会社で朝礼のようなものを行うところはいくらでもありますが、昭和初期当時はとても珍しい慣習で、一説には前例のない初の試みではないかといわれています。

昭和8年5月18日から、全社で始まったことが記録されています。そして今も、同社の「朝会」は、国内は言うに及ばず海外の拠点でも朝礼として実施されているといいます。ただし、昭和8年が全く初めてというわけではなく、それ以前にも、社長である幸之助氏が朝会を開いて所感を発表していたということがあったといいます。大いにあり得ることです。しかし毎朝・毎夕、全社規模で欠かさず励行されるようになったのは、昭和8年、命知元年以降であることも、社史に記されているところです。

そして、前章でふれたように、昭和8年7月27日には「松下電器の遵奉すべき精神」（当初は5カ条、昭和12年から7カ条となり、現在も変わらない）の唱和を、各部署や工場での朝礼として行うことで、社のミッションと社員の心がけが毎日意識されることになっていったようです。当時の朝会においては、「社歌」も斉唱されていたといいます。この「社歌」は、6年3月に「歩一会会歌」に制定されていたものを、8年に（松下電器製作所）所歌として採用し、毎日の「朝会の終わりに全員が合唱」していたようです。

先に紹介した元松下電器社員で、研究者の小原明氏が著書『松下電器の企業内教育』（2001）で記しているように、それ以前の昭和4年ごろでも、松下電器本社事務所で自然発生的に朝会が行われていたことはあるものの、8年5月に「事業部制の発足と同時に、全事業場で毎日、始業前と終業後に『朝会・夕会』をおこなうことになった」と『松下電器五十年の略史』にあります。戦後の高度経済成長期に入っても、まだ日本企業の中で、こうした朝礼は珍しかったようで、小原氏自身も社員であった経験から、この件について「高度成長期に内外の記者の取材対象にしばしばなった」と述懐しています。新聞雑誌の記事などを通じて、国内の多くの企業に朝礼という慣例が伝播（でんぱ）していった可能性がうかがえます。

それでは、どうして同じ文章を全員で唱和する「朝会・夕会」を始めることになったのでしょうか。何らかの意義を強く感じたからこそ、一般企業としては、ほぼ前例のない儀礼のような慣習を始めたのではないでしょうか。そのきっかけを、幸之助氏が独自に発想したことは大いに考えられます。しかしながら、幸之助氏が初めて天理教教会本部を訪れたころには、本部はもとより、大教会や分教会で「朝勤（あさづとめ）・夕勤（ゆうづとめ）」という呼称で、朝夕の宗教儀式が決められた時間に行われていました。昭和7年、幸之助氏が初めて「本殿」で参拝したところが、まさしく本部での「朝勤・夕勤」が行われる場所でした。後述するように、幸之助氏が訪問した、天理教の教育施設である「（旧制）中学校」や「天理教校」の学生生徒は、毎朝、神殿に集合し、全員で朝勤（教祖が教えた「座りづとめ」という祈りの形式）を行ってから各校舎に向かうことも、幸之助氏はU氏から耳にしたかもしれません。これは現在も、天理小・中・高等学校などの児童生徒が昇殿して一斉に行われています。「朝勤・夕勤」の励行は、信者にとって当たり前のことでした。朝夕の特定の時間以外にも、信者は個別に自由にやって来て、各自「座りづとめ」を行います。幸之助氏自身が訪問した際に、あちこちで個別に声を出して「座りづとめ」を行っている信者の姿を数多く目撃したことは間違いありません。どのような時間帯に行っても見られる光景だからです。

無論、仏教その他、天理教以外の既成宗教では、朝と夜の念仏や礼拝など、毎日の決められた儀礼を古くから行ってきたことは言うまでもありません。教祖中山みきも、教祖に定まるはるか以前の少女時代に、浄土宗の信徒として朝夕念仏を唱えていました。幸之助氏も、そのような慣例が宗教界一般で行われていることは、よく知っていたはずです。しかし、それが人の心に与える意義に初めて気づいたのは、天理を訪問した時ではないでしょうか。それ以前は、常識的に「宗教界」と「一般社会」を分けて考えていたはずです。その日の仕事上の確認などの実務的な朝礼ではなく、毎朝の「儀礼」としての意味、つまり働くことの心得を、社員全員で毎朝唱和することで、心得の内容がいつしか血肉となり、心の成長や規律正しい労働姿勢に寄与するのではないかと初めて考えたのは、時系列的に見ても、天理での光景にふれてからだと思います。

幸之助氏は自叙伝の中で、天理で見た信者の姿をいくつか形容して描いていますが、一般社会での労働風景とは違うことを強調しています。例をあげると、その姿、その態度には一種独特の厳粛味が看取されて、普通、町の工場でみる職人の活動ぶりと違った雰囲気が感じられて、思わず襟(えり)を正すといった敬虔(けいけん)さを覚えしめるものがあった。

などと表現しています。経営者としての幸之助氏は、「労働姿勢」というものに特別な関心を抱いたのではないかと想像でき、「ひのきしん」をする信者の姿を、どうすれば世間一般の労働現場にも反映させ得るものかと考えたとしても、不思議ではないと思われます。その手段の一つに「朝会・夕会」があり、そこで「遵奉すべき七精神」という心がけを儀礼化して唱和する中で、いつの間にか暗唱し、それが血肉となって、日ごろの働きの現場で実践されるようになる、と考えたのではないでしょうか。

付言すれば、天理教には「一手一つ(いってひとつ)」という教語があり、たとえ違う作業をしていても、持ち場・立場のつとめに徹し、皆の心が勇んで一つになれば、そこに神がはたらいて大いなる成果がもたらされる、という教えがあります。また、教祖の言葉には「神の方には倍の力や」とあり、まず人間が正しい心がけで勇んで行動を起こせば、まず子神はその倍の力を出して支援するという教えもあります。人間世界のことは、まず子供である人間がアクションを起こし、その姿を見た親なる神が大きな手助けをする、支援の手を差し伸べる、というのが、天の理の順序であると教えられているのです。朝会は、そのような一手一つの環境をつくり出す手段の一つであるとも考えられます。そのような、信者にとっては常識的な説明をU氏から幸之助氏が受けたとしても不思議ではないでしょう。

天理教における朝夕の「おつとめ」について、少し説明する必要があるでしょう。「おつとめ」とは、教祖自ら高弟らに教えた歌詞とメロディー、そして手振りから成っています。慶応2年から教えかけられ、現在は教会本部は言うに及ばず、全国各地の教会や布教所、信者家庭でも勤められています。教祖が教えた「つとめ」(儀礼)には、いくつもの種類がありますが、ここでは省略します。その中でも「朝勤・夕勤」として励行される座りづとめは最も広く行われており、10分程度で勤め終えることができます。信者にとっては、この儀礼を通じて、朝には、その日1日の心がけや予定を神様にお伝えし、夕べにはその日1日を振り返ってお礼を神様に申し上げる時間と考えられています。

このようなことも、信者であれば誰でも伝えることができ、U氏が幸之助氏に説明しなかったと想像するには無理があるというものです。教祖は、この「つとめ」の励行を特に重視して説いていたからです。

さて、見学ルートに話を戻すと、神殿のすぐ真北に、新しい壮大な「教祖殿」が建設中でした。現在の教祖殿です。

教祖殿の建築風景

幸之助氏は、自叙伝の中で、

> 教祖殿はその時ちょうど普請の真っ最中で、相当の規模に建ち上がりつつあった。この普請にはおそろしく多数の人が立ち働いていたが、聞けばこれはみな奉仕の信者ばかりだとのことであった。しかもみな額に汗し、孜々（しし）としてたゆまずうまずの態（てい）が面にあらわれていて、普通の建築場で見るような空気とは全然異なった気配がただよっていた。

正確に言えば、「教祖殿」と「合殿（あいでん）」と「御用場（ごようば）」の三つの建物が、南北に隣接して建築中でした。この時すでに「土持ちひのきしん」の姿は、教祖殿の建設現場にはなく、基礎も定まり、どれほど大きな規模の建物になるのか、おおよそ見当がつく段階に入っていたはずです。記録を見ると、昭和6年（1931年）6月26日に、「南礼拝場」とともに「起工式」が行われ、昭和8年10月25日に「教祖殿新築落成奉告祭」が執行されています。さらに、

「（中略）教祖殿の普請には奉仕の申込者が常より多く、希望する人々の全部を満足させることができなくて困るほどなのです」

という。聞いて私は驚いてしまった。

と幸之助氏が書いているように、教祖殿の普請に携わるひのきしんの姿は、なお一層活気に満ちたものであったことが想像されます。教祖のためなら我先に、どのようなことでもして差し上げたいと勇み立つ信者の姿に、冷静な幸之助氏は、この大勢の信者たちは、いまは直接お目にかかることもできない教祖という人物のために、どうしてこのように熱心に奉仕することができるのかと、あらためて考えさせられたとしても不思議ではないと思います。

このほかに、教祖殿の建築現場から西、つまり駅の方角にトロッコ用の線路が延びていたことも、幸之助氏一行の目に入ったはずです。境内地にトロッコのレールがあるという、一般的ではない風景についても、U氏は熱を込めて説明したに違いありません。

そのレールは、西方の駅近くから敷かれたものでした。駅の近くでは、国鉄の線路沿いに特設の「製材所」が建てられていましたが、献木による巨大なヒノキが各地から貨物で多数到着していました。そして、この製材所に運び込まれ、粗削りを経た後、今度は、西から東へ新たに設置されたこの1キロ余りのレール上をトロッコで工作場へと運ばれ、最終的にきれいな部材として仕上げられて、教祖殿や新しい礼拝場（南礼拝場）の建築に使用されていきました。

これらをすべて自前でやっているということを聞いて、幸之助氏はさらに驚いたことでしょう。その日の夕方、駅近くの立派な「製材所」を見学して感心したことが自叙伝に記されていますが、その驚きは、すでに境内地でレールを見ていたことが影響していたかもしれません。

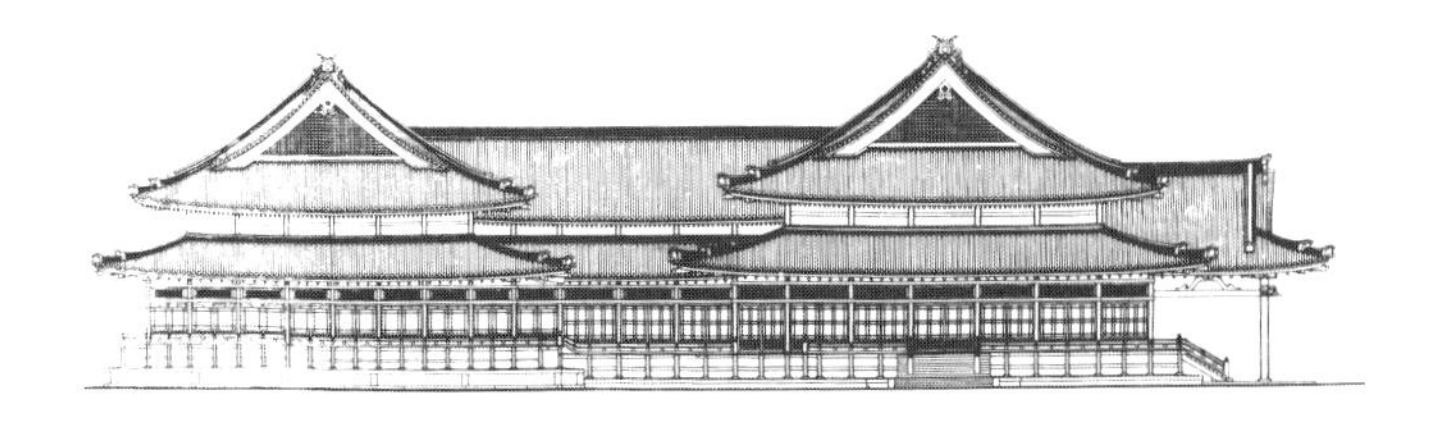

西側から見た、「教祖殿」と「合殿」と「御用場」の側面図

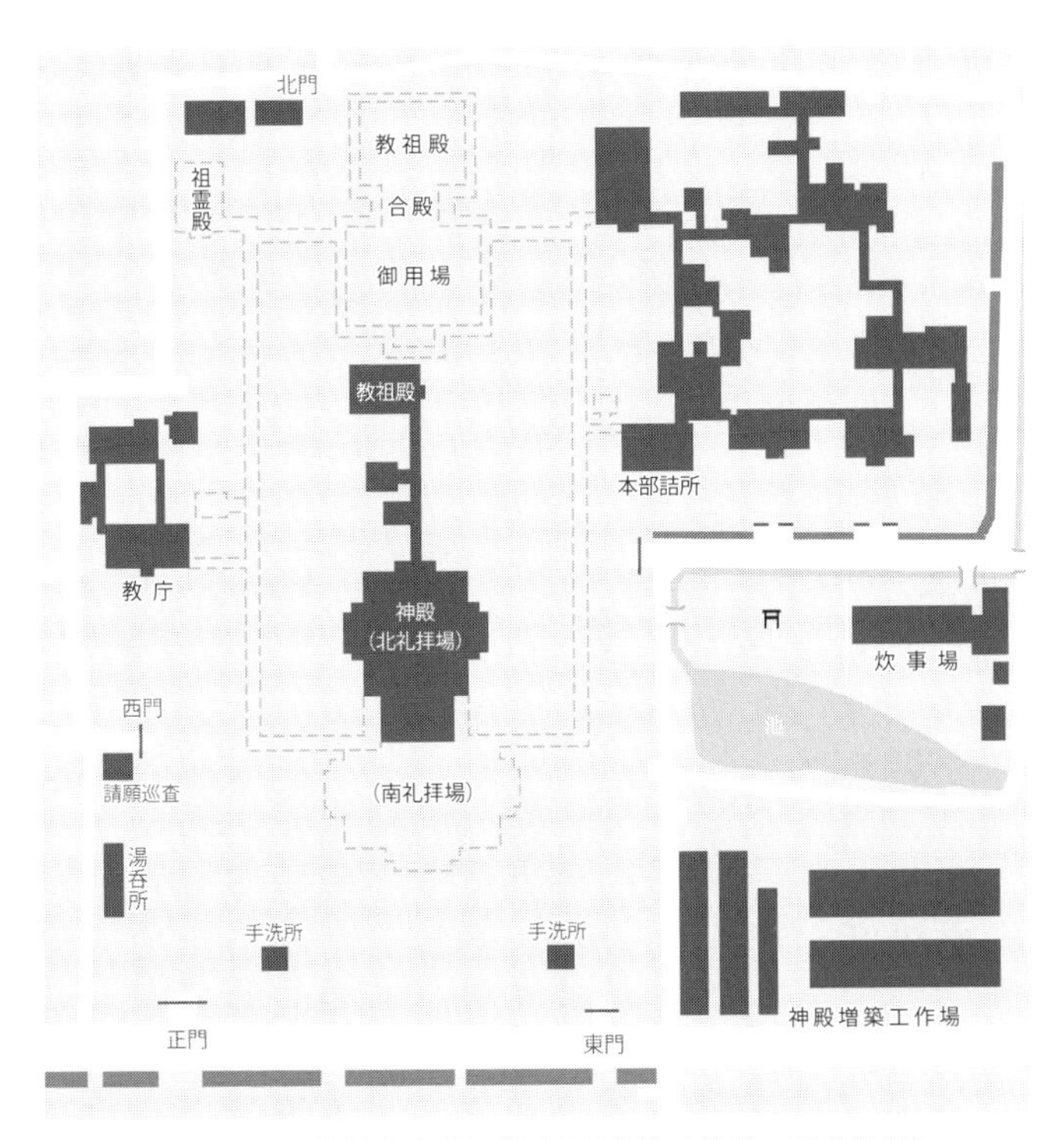

昭和7年ごろの天理教教会本部の境内図(点線は普請の予定場所)

教祖殿は、本部境内地の北側に位置しており、U氏は幸之助氏に、真北の方向にある小高い丘を指さして、「あそこが教祖のお墓地です。行ってみましょう」と促したはずです。教祖殿の北、田畑が広がり農家の点在する集落を隔てて、直線距離で500メートルほどの位置にある「豊田山」と呼ばれる小高い丘に、教祖の墓稜があります。当時、多くの信者が参拝していたはずで、二人の姿もその列に交じっていたことでしょう。現在も、ほぼ変わらぬ風景を見ることができます。

ちなみに、教祖殿の建築現場から北方の墓地へ向かう途中に、「天理養徳院」という、孤児あるいは親に縁の薄い子供たちを養育する施設が見えたはずで、天理教が明治43年（1910年）4月1日から開院していたものです。教祖の孫に当たる中山眞之亮・初代真柱の、「人の子も我が子も同じ心をもって育てる」という精神を基本理念に置き、それは教祖が、人の子を預かって育てることほど大きなたすけはない、といった旨を語っていたことに由来するものだと思われます。U氏は、そのようなことも説明したかもしれません。

「高野山　松下電器墓所」と「教祖墓地」（類似の７）

教祖中山みきの「生き神」としての足跡については、次章に概略を述べるとして、ここでは、教祖が明治20年（１８８７年）陰暦正月26日、90歳で現身をかくしたことに、まずふれておきたいと思います。これは信仰的には、その姿は見えずとも、魂は「存命」のまま、この屋敷に留まっていると教えられています。したがって教祖自身は、墓地などを望まなかったことも記録されていますが、信者の心情を反映して墓地が建設されたと思われます。

教祖中山みきが現身をかくした直後は、いったん中山家の檀那寺である近在の善福寺に、その亡骸が葬られました。そして、５年後の明治25年（１８９２年）12月７日に、豊田山に墓所が造営され、同月13日に改葬されています。そのときの参拝者は十数万であったと記録されており、遠方からの参拝者も多く、周辺には宿泊施設がほとんどなかったために、寒空の下、たき火をして野宿したり、農家の牛小屋の隅を借りて藁の上で夜を明かしたり、といったエピソードが残されています。明治25年といえば、まだ最寄り駅が北方へ約10キロ離れた奈良駅であった時代です。ちなみに、天理（丹波市）に初めて鉄道が通ったのは31年になってからのことです。

付言すると、教祖は、人間は「百十五歳定命」であると話していました。親神が造った人間の本来の身体は、人それぞれの天の理に叶う心がけ次第であり、115年間は病まず弱らずに生きることができるというものです。そして、115歳になって以降も、本人の心次第で長生きすることも許される、と説きました。信者たちが、その話をどのように受けとめていたのかは分かりませんが、少なくとも「生き神」である教祖は、115歳までは長生きして、私たちを導いてくださるものと信じていたはずです。実際、在世中の教祖に接した初期の信者たちの体験記録が数々残されていて、教祖は小さな身体ではあったが、高齢になっても男性と力比べなどをして、常人と異なることを示したといいます。一例を挙げると、教祖が89歳になったとき、隣家の足立源四郎（幼名・照之丞、当時59歳）は、相当な体躯の持ち主であったが、教祖はその恰幅のいい男性を楽々と小さな背中に負い、広い庭を一周ぐるりと笑顔で軽やかに小走りをして見せた、と伝えられています。それほどの女丈夫であった教祖が、90歳にして「現身をかくす」という事態になったことに、信者一同が大きなショックを受けたことは容易に想像できます。

教祖墓地（信者は「お墓地」と呼ぶ）に話を戻すと、幸之助氏は「ついで山の中腹にある墓地に参拝した」と書き、続けて、

相当の道のりを登って行くのであるが、この道すがらもいろいろの施設建築物や、また同じく山に参拝する人々の多いことに感心しつつお墓に着く。お墓の前は清らかに掃除され、白い小砂利がぎっしりと敷きつめられてある。次々と参る信者はみな小砂利の上にすわって、さもありがたげに礼拝をして行く。なかには平蜘蛛（ひらぐも）のごとくになり、頭を地につけてしばし動かぬ人もある。私はこの風情にまた一驚した。が、その瞬間に自分もきょうは参拝の身である、この熱心な信者たちの雰囲気を乱しては済まぬ、というような気分になっていとも丁寧に礼拝をした。そしてしばしこの情景を見守りつつそこを出て、一般墓地にお参りをした。

と自叙伝に書いています。教祖墓地の風景は、今も昔もあまり変わっていません。丁寧にお参りをする信者の姿も、当時と変わらず、よく見かけます。

このお墓地の西隣と南隣に、幸之助氏の言う「一般墓地」があります。この一般墓地についても、幸之助氏はかなり長い説明と感想を書き残しており、後述する本書のテーマの一つとも関係すると思われるため、以下に引用します。

ここには無数の墓碑が所狭きまでに、しかし順序よく配置されている。その多くはこの教団の幹部であろう、（中略）今日の盛大を招来した功労者として多数信徒の尊敬を受けていた人が、静かにその下に眠っているのであろう。教祖の墓を中心にその外郭援護の形に並んでいるのである。私はそこに両者の満足と喜びを見いだして、平和の幾久しかれと祈る気持が湧然（ゆうぜん）と満ちあふれてくるのであった。

（波線部、筆者）

この墓地を物理的に見ただけでは、「平和の幾久しかれと祈る気持」が自然に出てくるものだろうかと、筆者には疑問が湧きました。そのような述懐は、教祖と初期の信者たちが長い年月、共々に味わった政府などからの理不尽な迫害・弾圧の歴史を、ある程度知らなければ湧いてこない感情であると思われるからです。次章で詳しく説明するように、幕末から明治40年代初頭までの長い間、教祖と初期信者は、まず近隣の神社仏閣から迫害され、次いで明治政府からの投獄を含めた厳しい弾圧を受け、教祖が現身をかくしたのちも、教団として一派独立の認可を受けることに対して、長い苦労を強いられました。このような初期信者の物故者が、幸之助氏の見た「一般墓

教祖墓地へ続く参道〈昭和12年ごろ〉

教祖墓地〈昭和10年ごろ〉

一般墓地〈昭和10年ごろ〉

地」に多く眠っており、教祖の亡骸が葬られた墓地に寄り添うように、あるいは（「外郭援護の形」で）教祖を守るように並んでいるために、「平和の幾久しかれ」と幸之助氏が祈ったものと想像されます。昭和初期は、まだ「生き神」としての教祖に直に接した初期信者が生きていた時代であり、U氏にとっても、いま以上に迫害・弾圧の話題が広く流布していたであろうことから、その一部を、教団の苦労の歩みとして幸之助氏が耳にした可能性は大いにあります。

このような体験が、幸之助氏の以後の行動にどう影響したのか、厳密には分かりません。ただ、高野山奥の院という多くの戦国大名家の墓所が居並ぶ地に、日本のいずれの会社にも先駆けて、昭和13年5月、幸之助氏が43歳のとき「慰霊塔」を建立しました。パナソニックのホームページによれば、「昭和13年9月21日に、西禅院院主導師のもと、慰霊塔の開眼法要が営まれた。以来、松下電器は毎年9月、秋の彼岸のうち1日を選んで、高野山西禅院本堂において過去1年間の物故従業員の合祀祭と慰霊法要を挙行している」といいます。さらに、同ホームページによれば、社長である松下幸之助氏が、そもそも会社の慰霊塔、あるいは「松下電器墓所」を建立しようと考えたのは、すでに大正15年（1926年）に高野山にお参りしたときからの思いであり、さらに昭和11年には、丁稚奉公時代にお世話になった五代自転車商会の五代五兵衛翁からの勧めがあったということです。もちろん、この史実に疑いを差し挟む意図はありません。間違いなくそうだったと思いますが、大正15年と昭和11年の間に、天理訪問の昭和7年の「教祖墓地」見聞が入っており、教祖墓地での印象が相当に残っていたことも、上記の幸之助氏自身の文章からもうかがえます。

松下電器墓所〈2014年筆者撮影〉

そもそも一企業が、このように社員物故者の共同墓所を持つというのは、当時は全く一般的ではありませんでした。会社の慰霊塔の歴史については、宗教人類学者の中牧弘允氏が『むかし大名、いま会社』（淡交社）の中で詳しく述べています。それによれば、高野山ばかりでなく、日本全体を見渡しても、松下電器墓所が、会社墓所としては初期の事例であり、あえてそれ以前の事例を探すと、北尾新聞舗という戦前の大阪の広告代理店が、昭和2年（1927年）に同じく高野山に建立しているのが唯一の前例です。時系列では、その次に松下電器の墓所（1938年）となります。

これ以降も戦前には数例しかなく、戦後の高度成長期とそれ以後に、雨後の筍のように増えていき、100余りを数えるほどになりました。創業者と希望する社員一同が死後も同じ墓所に眠るというのは、今日あまり好まれるとは思えませんが、天理教教祖に初期の信者が寄り添うという教祖墓地の特徴と、共通していると指摘できます。もちろん、この特徴は教祖墓地だけではありません。戦国大名の墓所などにも先例があります。ただ、天理で教祖墓所を見たことで、幸之助氏がそのような日本の伝統に感じ入った可能性も否定できないと思われます。とはいえ、あくまでも「類似」の諸点の一つとして指摘するのみです。

以上が、午前中の行程です。駅から歩き始め、本部から教祖墓地を直線コースで行くだけなら、長く見積もっても3キロメートル程度の距離ですが、これを4時間かけて歩いたということは、相当ゆっくり見て回ったことになります。実際、幸之助氏も自叙伝に「とにかく四時間を費やしたということは、その規模がいかに広大であるかという一端を知るに十分であろう」と記しています。

この後、昼食をはさんで、午後には別の見学ルートをたどることになりますが、その前に、次章では、教祖中山みきの足跡と昭和初期までの天理教団の歴史を、本書のテーマに沿って概略見ていきたいと思います。本章のテーマとの関係では、次章で「類似」の諸点の1と2を扱っていきます。

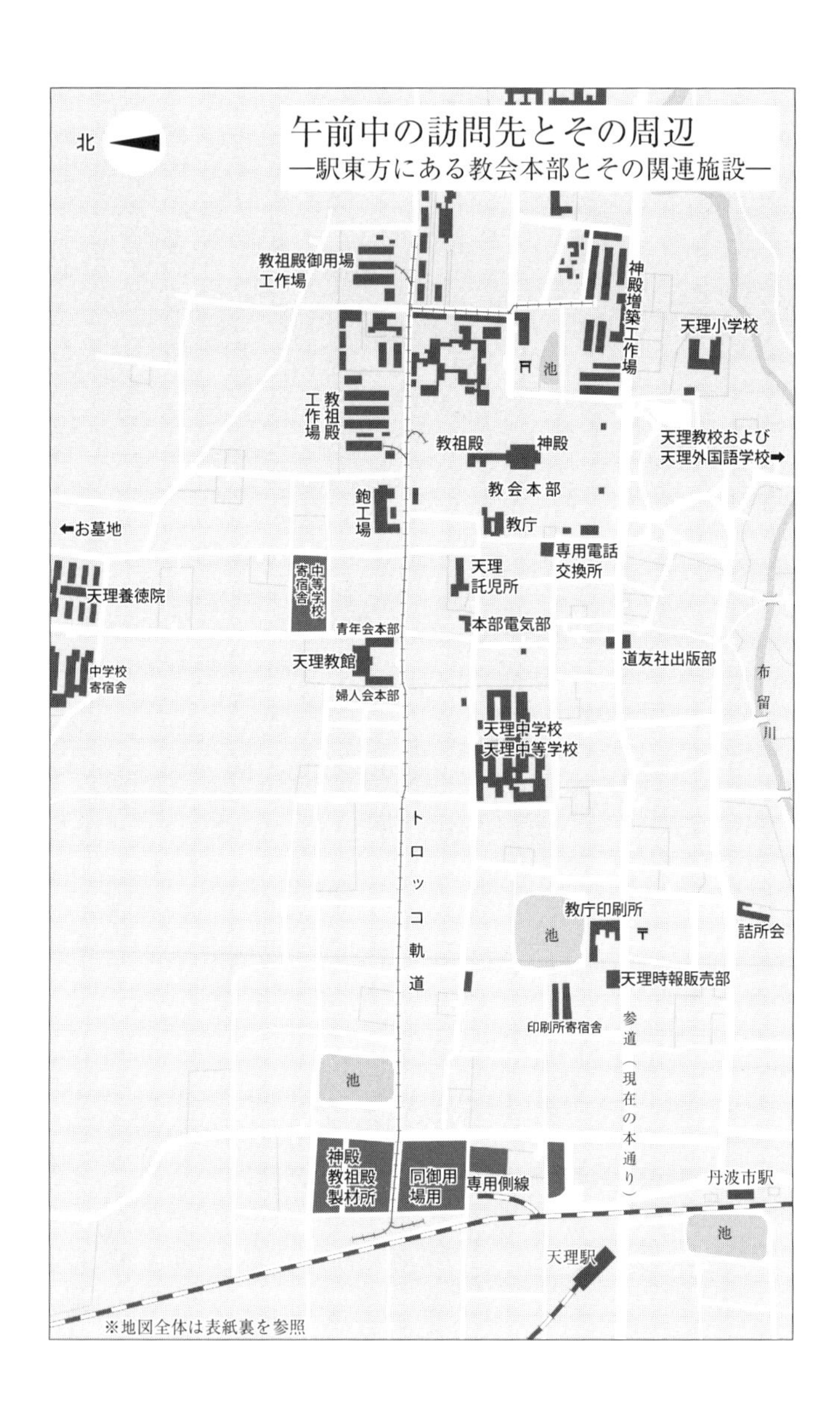
午前中の訪問先とその周辺
―駅東方にある教会本部とその関連施設―
北
教祖殿御用場
工作場
神殿増築工作場
天理小学校
池
教祖殿工作場
教祖殿
神殿
天理教校および
天理外国語学校➡
教会本部
鉋工場
⬅お墓地
教庁
専用電話
交換所
中等学校寄宿舎
天理
託児所
天理養徳院
本部電気部
青年会本部
天理教館
道友社出版部
中学校
寄宿舎
婦人会本部
布留川
天理中学校
天理中等学校
トロッコ軌道
教庁印刷所
池
詰所会
天理時報販売部
印刷所寄宿舎
参道（現在の本通り）
池
神殿
教祖殿
製材所
同御用
場用
専用側線
丹波市駅
池
天理駅
※地図全体は表紙裏を参照

第4章

教祖中山みきの足跡と初期教団の歩み

教祖とその教えの概略

すでに教祖中山みきについては、これまで断片的にふれてきました。昭和7年に幸之助氏を案内したU氏は、親里を巡るなかで、教祖の足跡や教えの概略などを熱く語ったはずです。とりわけ、教祖殿の建築に馳せ参じた大勢の信者たちの姿や、その勇んだひのきしんの様子、教祖墓地にも多くの人々が次々と訪れることに驚いている幸之助氏を見て、持てる知識の限りを語ったと思われます。あれほど熱心に、しつこいほどに幸之助氏を天理へ誘ったU氏です、一番伝えたかった核心部分は、なぜ教祖がいまも敬慕されているのか、親神が教祖を通して伝えたかった教えの基本はどのようなものか、ということであったと断言できます。

本章では、U氏が10時間にもわたって幸之助氏に語り伝えた内容を、そのまま再現できるわけではありませんが、本書のテーマを踏まえつつ、簡潔に説明したいと思います。多少は細かい歴史的な説明も含まれますが、基本となる知識は、ある程度の信仰の年数を経た信者なら、たいてい持っているはずのものですから、U氏が説明したであろう内容とは、それほど大きなズレはないと考えます。また、以下に述べる語りのスタイルにも、U氏が熱心な信者であること、つまり、教祖への感情移入があることも加味しているつもりです。

さらに、幸之助氏の見た昭和初期の天理とは、教祖が「現身（うつしみ）をかくした」後に急伸展した教団の姿であり、その経緯についてもU氏は語ったはずですから、昭和初期までの教団の略史も、本書のテーマを意識しつつ説明を加えたいと思います。

本章では、第1章で挙げた松下電器と天理教の「類似点」の中の、特に次の2点を扱ってみたいと思います。

1、昭和7年5月、松下電器の「社会の貧乏克服を産業人の真使命とすること」
　教祖中山みきの「谷底せりあげ」「一に百姓たすけたい」

2、昭和7年5月、松下電器の「目標達成に期間を区切ること」
　10年ごとに勤められる「教祖年祭」とその活動

なお、肝心の天理教の教えについては、体系だって説明するにはかなりの字数が必要であり、教理そのものを伝えるのが本書の目的ではないので、本書のテーマである松下幸之助氏と天理教の類似点に絞って、筆者が知る限りの基本的な教えを断片的に書き記す程度に留（とど）めたいと思います。

◎中山みきのおいたち

一人の女性としての中山みきは、寛政10年（１７９８年）４月18日に誕生し、明治20年（１８８７年）陰暦正月26日まで、江戸後期の70年間と明治期の20年間、およそ90年にわたり、生身の身体をもって活動した人物です。天保9年（１８３８年）、数え41歳のときに天啓（おつげ）を受け、「神のやしろ」となって親神の思いを伝えるとともに、自ら教えを体現する教祖としての50年の道すがらを歩みました。天理教では、教祖が90歳でその姿をかくしても、魂（たましい）は「存命」のまま「ぢば」のある屋敷に留まり、神の望みである「陽気ぐらし」世界実現のために、存命同様にはたらき続けていると教えられています。

現在の天理市三昧田（さんまいでん）町にあった庄屋の前川家で、前川半七正信（まさのぶ）と妻きぬの長女として生を享けたみきは、身体は少し弱かったようですが、幼少時から家事手伝いをよく行い、幼子の面倒を見るなど聡明な少女であり、信心深い母とともに浄土宗に帰依していたといいます。教育は7歳くらいから父親が読み書きを教え、9歳から寺子屋で3年ほど学んだといいます。

文化7年（1810年）、13歳にして現在の天理市三島町（当時は庄屋敷村）の庄屋、中山家に嫁入りしますが、縁談話が持ち上がった当初は、尼になりたいと希望していたそうです。しかし、「夜業終えて後は、念仏唱える事」を条件に嫁ぐことになりました。

夫・善兵衛は10歳年長の23歳で、中山家は「地持ち」と呼ばれるほど、近隣ではひときわ広い田地田畑を持っていたようです。木綿の栽培なども手広く行い、女中・使用人・小作人を抱える庄屋で、屋号は「綿屋」といいました。

みきは、16歳で中山家の所帯を任されるようになり、文化13年、19歳にして、中山家の檀那寺である善福寺で「五重相伝」を受けています。24歳のとき、初めての子である長男・善右衛門（のちの秀司）が誕生しました。

◎「神のやしろ」となる

天保9年（1838年）、みきが41歳を迎えるころには、どのような使用人にもこまやかな気配りをし、自らもよく働く主婦であり、嫁として親への孝心も厚く、後継ぎの秀司を筆頭に、子宝にも恵まれた母として、多忙な日々を送っていました。

しかし、この年の1年ほど前から、秀司の足が痛み始め、医者薬も効かず、当時の民間療法であった加持祈禱を度々行うようになりました。祈禱師は、この地域では名の知れた中野市兵衛という修験者でした。そして天保9年10月23日には、秀司がいよいよ激痛を訴えて苦しむばかりか、みきの夫・善兵衛も眼の痛みを訴え、さらにみき自身も急に腰痛を発症するという事態に至り、急遽その日のうちに中野市兵衛に頼んで加持祈禱を始めたところ、その最中に突如、みきの口から、

「我は元の神・実の神である。この屋敷にいんねんあり。このたび、世界一れつをたすけるために天降った。みきを神のやしろに貰い受けたい」

という、親神の言葉が告げられました。経験豊かな修験者の市兵衛にとっても、前代未聞の「神」の顕現でした。困惑する中山家と集められた親族は、「もし不承知とあ

らば、この家、粉も無いようにする」と非常に激しく迫ってくる「神」との間で、昼夜分かたず押し問答を繰り返し、三日目の天保9年10月26日午前8時ごろ、「神」の言葉を告げるみきの、やつれきった身を案じた善兵衛が、しぶしぶ「みきを差上げます」と答えたということです。

この日をもって、天理教の「立教の日」とされ、いまも毎年10月26日には、教会本部神殿において秋季大祭が執行されています。その身体に親神が入り込んだ「神のやしろ」たる中山みきは、以後50年間、教祖として親神の思いを伝え、その教えを説き、自ら範を示しました。その歩みは「ひながたの道」と呼ばれ、人間としてのあるべき生き方の模範となるものです。時代は日本の激動期にあり、時には社会体制からの迫害干渉も受けるなど、並々ならぬ苦難の道中でもありました。

立教の天保9年、長男・秀司数え18歳、長女おまさ同14歳、三女おはる同8歳、五女こかんは、まだあどけない同2歳（生後11カ月）の幼児でした。次女と四女は、それまでに早世しています。子育てに追われ、働き盛りのみきが切り盛りする中山家にとっては、「神のやしろ」（神意を人間に伝える役割）にふさわしい立派な候補者は、世間に他にいくらでもいるはずなのに、なにゆえ、農家の所帯盛りの主婦なのかという思いであったことは容易に想像されます。

「神のやしろ」となって翌年の天保10年、教祖42歳のころ、「貧に落ち切れ」という突然の「神命」により、自身の嫁入り道具をはじめ家財や先祖伝来の田地田畑を次々と売り払い、寄り来る貧しい人々に施していきました。当初は大目に見ていた夫・善兵衛も、行き過ぎる施しを制止しようとしたものの、そのたびに激しく苦しむ妻の姿に、しぶしぶ許したといいます。それほど大切な妻であったということでしょう。

しかし、さすがに家長としての面子もつぶれるほどの事態となるに及び、家に伝わる刀の刃を妻に向け、「憑きものならば早く退け」と責め立てた日もあったようです。親族もしばしば集まり、厳しく教祖に詰め寄りましたが、結局は制止できなかったようです。使用人たちも暇を出され、去っていきました。

結局、都合20数年に及ぶ赤貧生活の間も、いわゆる信者がいたわけでもなく、親しかった人々まで疎遠になっていったのは、致し方ないこととも言えます。ただ、教祖51歳のころからの約5年間は、針仕事などを近所の嫁入り前の娘たちに教えたり、秀司も、近くの子らに読み書きを教えたりした時期もあったようです。それは、気が違っているのではないということを人々に示す意味があったともいわれています。

屋敷も取り壊して売り払い、物乞いに来る貧者に施し続けるなか、とりわけ土地の有力者の象徴でもあった「母屋」の取り壊しは、夫・善兵衛が亡くなったすぐ後のことでした。教祖は、

「これから、世界のふしんに掛る。祝うて下され」

などと、いそいそと取り壊しの人夫たちに酒肴を振る舞ったといいます。常識的に見れば尋常ではありませんが、世間的・物質的な価値へのこだわりをすべて捨て去り、ゼロから「世界たすけ」を本格的に開始するという意味であったと、信仰的に解釈されています。

「水でも落ち切れば上がるようなものである」

と、教祖は語りました。ちなみに、取り壊された母屋の材木は、現在の奈良市の京終という地にある家に買い取られ、数キロの道のりを街道沿いに北へ運搬されていく静かな行列が、当時の中山家を知る人々によって目撃されています。

中山家には、みきと長男・秀司、そして末女のこかんの三人が住める小さな家だけが、広い敷地内に残されていました。長女と三女は、苦労の道中にも縁談があり、すでに嫁いでいました。教祖は、

「どれ位つまらんとても、つまらんと言うな。乞食はささぬ」

と言って家族を励ましたそうですが、その暮らしぶりは、大量の蚊の発生する真夏に吊る蚊帳すらなく、厳寒の冬も木々や枯れ葉を寄せ集めて暖をとっていたようです。多くの着物も早々に売り払っていました。娘盛りになった末女こかんのエピソードとして、祭りの日の晴れ着もなかったと伝えられています。

一家の生計は、みきとこかんが、糸つむぎや仕立て物などをし、また、屋敷の空き地で多少の農作物を育てるとともに、秀司が天秤棒をかついで売りに出て、わずかな収入で、その日に食べるわずかな米を得るような赤貧の生活であったようです。

あまりに零落した暮らしぶりでしたが、教祖は、むしろ常に、子らを明るく励まし、これから始まる「世界たすけ」に向けて、多くの人々が遠くからでも寄り集まってくる未来を見据えた道中でした。

◎水を飲めば水の味がする

そのような貧しい生活のなか、後世の信者に非常によく知られる、教祖みきと末女こかんとの間で交わされたやりとりがあります。それは、米びつに食べる米すら無くなったある日、こかんが、

「お母さん、もう、お米はありません」

と言うと、教祖は、

「世界には、枕もとに食物（たべもの）を山ほど積んでも、食べるに食べられず、水も喉（のど）を越さんと言うて苦しんでいる人もある。そのことを思えば、わしらは結構や、水を飲めば水の味がする。親神様が結構にお与え下されてある」

と諭したと伝えられています。

この「水を飲めば水の味がする」という至極当たり前のフレーズは、不思議と耳に残る〝ことばの力〟を有しています。U氏も幸之助氏に、中山家の貧のどん底の時期を語る象徴的なエピソードの一つとして、この言葉を紹介したのではないかと想像さ

れます。

少し話は逸れますが、実は松下幸之助氏がよく使っていたフレーズに、語法的に似通ったものがあることに、筆者は思い至りました。それは「雨が降れば傘をさす」というものです。これも至極当然のことを言い表しているのですが、実はこれが、商売がうまくゆくコツなのだそうです。つまり、ごく当たり前のことを当たり前に行う、自然の流れを大切にする、という意味のようです。筆者の中では、この「雨が降れば傘をさす」と「水を飲めば水の味がする」が、どちらも至極当然のことでありながら、一度聞くと忘れがたい含蓄がある、という意味で、妙に重なり合うのです。もちろん、これは筆者の思い過ごしかもしれませんが。

「貧に落ち切れ」の意味解釈

それにしても、なにゆえに、このような世間的に非常識とも思える事態が中山家に生起したのでしょうか。中山家には、神の「屋敷」としての「いんねん」があり、中山みきは「神のやしろ」となって、親神の思いを伝える立場であるということであれば、神の言葉をそのまま伝えればよいわけです。わざわざ先祖代々の財産や家の格式を失うような極端な道筋をたどる必要性があったのかどうか、人間的な考えでは想像も及びません。まして、幕末のころといえば、火山の噴火や地震が頻発し、「天保の大飢饉（ききん）」という江戸時代でも最大規模の飢饉が発生して、国全体に不安感が高まっていた時代です。およそ人間的な判断では、持っている財産にしがみつきたい心情が、より高まっても不思議ではありません。中山家に起こったことの意味は、まさしく、「神」と「神のやしろ」たる教祖のみぞ知るとしか言いようがありません。

しかし、生身の身体で通った「神のやしろ」としての教祖の50年の道すがらのうち、初期の20年以上は、みきを教祖と仰ぐ信者は一人もおらず、そのほとんどの時間は貧者への財産の施し、つまり、「貧に落ち切る」道であり、それゆえに世間の嘲笑（ちょうしょう）の渦中に身を置いたという事実が、意味のない空白の時間であるはずはありません。後世の信者にとって、その時代の教祖の生き方や言葉に、「陽気ぐらし」のための意味あるメッセージが込められていると、信仰的に考えるべきものでしょう。

その一つは、まず、それまでにない前代未聞の「陽気ぐらし」という世界を、先頭切って創り上げていく教祖として、当時の家柄や身分が絶対的意味を持った時代に、そのような世間の常識的価値観をまずすべて否定し、捨て去り、ゼロから出発するという意味があったと考えられます。

また、もう一つの大切な点は、中山家の屋敷が立派な塀で囲まれているようでは、貧しい人々へ救いの手を差し伸べられないという「神」の意図があったのではないかとも伝えられています。ぼろ着姿の物乞いでも訪ねられるように、隔てる壁を取り去り、社会の最底辺の人々と同じ目線に立つところから救済を始めたものとも考えられます。裕福な状態のまま、余剰品を与えて施すような姿勢では、社会の底辺で苦しむ人々の心に寄り添う姿は見えてこないということでしょうか。あるいは、その日暮らしであっても、神に感謝して明るい心で生きられるということを、まず身をもって示す必要があったということでしょうか。

また、物質や名誉への執着やこだわりから心を解放することによって、自由で明るい軽やかな心の境地が生まれるということを示す、という教理上の解釈も見られます。

さらに、教祖みきの思いを表す言葉として、「谷底せりあげ」「一に百姓たすけたい」

といった救済の順序を示す象徴的なフレーズがあります。「谷底」とは、社会の底辺で経済的にも恵まれないような人々を指していると思われます。同様に「百姓」もまた、汗を流して米や野菜をつくっても、その多くを権力者に取り上げられ抑圧された人々の代表ともいえます。「神」あるいは教祖は、まず、そのような社会的に恵まれない人々に対し、人間世界は決して「苦の娑婆」などではなく、本来「陽気ぐらし」ができることを示して、救済対象の優先順位の最初に置いたということなのかもしれません。

裕福な中山家といえども、その限られた財産をすべて「谷底」の人々に施したところで、救済に限界があることは、誰の目にも明らかです。しかし、まず目の前にいる寄り来る貧者に、温かい手を差し伸べるそのような行為を、教祖がまず実践し、その中を明るく生きることが、後世の人々にとっての「ひながた」（お手本）になるということです。ちなみに教祖は、「谷底」の反対の、社会的地位の高い人々を「高山」と呼びました。また、救済の順序として、「学者金持ち後回し」というフレーズもあります。頭の良い人々、経済的に恵まれた人々、そのような人々にも同様に神の望む

「陽気ぐらし」をさせたいが、差し伸べる手は後回しである、という意味でしょう。この言葉も広く信者に知られており、U氏も、教祖の足跡を話す中で、幸之助氏に伝えたはずです。

貧のどん底に生きる中山家の姿から、もう一つ、後世の人々に伝えられるメッセージがあります。既述の「水を飲めば水の味がする」というものです。つまり、ごく当たり前のように豊富にあると思われる水も〝神の恵み〟にほかならないと自覚し、日々感謝することで、いかなる境遇にあっても〝喜びの種〟を見つけることができる。その大切さは、このフレーズからも喚起されてきます。つまり、物質的に貧しくとも、あるいは何らかの苦境にあっても、苦しみの原因に心を奪われるのではなく、当たり前の現状に喜びの種を見いだし、神のはたらきへの感謝を忘れないという心の姿勢を示唆した言葉だと思われます。このように、喜ぶ心を日々心がけることで、やがて現実的な苦しみからも救われていくのが天の理であると説いたと考えられます。それが、後の章でも紹介する、教祖の教えた「陽気ぐらし」を実践する方法の一つだからです。

◎「陽気ぐらし」は目的であり手段

中山みきが「神のやしろ」となるべく天啓（おつげ）を受けたのは、人間を造った神が、人間の「陽気ぐらし」世界を実現するためだと教えられています。神（天理王命（てんりおうのみこと））が、みきを通じて伝えたことは、9億年以上も前のこの世界は「泥海」であり、主に水生動物がいるだけの状態で、そのことを神は空（むな）しく思い、神の存在を親として認識する人間というものを創造し、日々、感謝と喜びを感じて暮らす「陽気ぐらし」を神も共に楽しみたい（神人和楽）と思いつき、人間存在とその住める環境を、実に長い時間をかけ、試行錯誤を繰り返して育ててきたということです。それゆえに、その神は、全人類の「親」であるという意味で「親神」と呼ばれています。

この話は、「元初（もとはじ）まりの話」あるいは「泥海古記（こうき）」などの名で伝承され、初期の信者による写本が書き残されています。天理教では、この世での生き方を重視します。どこか遠くに天国や地獄があるのではなく、この世を天国にも地獄にもするのが人間の心であり、その生き方次第だとされています。それゆえに、親神が切に望んでいるのは、この世での「陽気ぐらし」であり、親神の子供である全人類の陽気ぐらしの実現こそが天理教の究極の目的であり、信者が共有する使命でもあるのです。一般に、信者のことを天理教では「ようぼく（用木）」と呼ぶのも、陽気ぐらし世界を建設するための人材としての意味が込められているのです。

では、どのようにして「陽気ぐらし」という「目的」を達成するのでしょうか。教えでは、「陽気ぐらし」は究極の目的であるとともに、その目的に近づくための「手段」でもあると言えるでしょう。たとえば、各自が現在置かれている境遇などが、そのままでは喜べないような厳しい状況であった場合、その現状を今すぐに変えられなくても、まずは神の守護によって生かされて生きていることを喜び、明るい心と希望を持って道を歩むようにと、強く心がけることを教えるのです。境遇はすぐに改善できませんが、心だけは各自の自由に使うことができ、心を明るい方向へ向ける努力をし続けていけば、その心を受け取った「親神」が守護し、具体的な状況改善の道筋が見えてくる、というわけです。つまり、世界の「陽気ぐらし」の実現という遠い目標を達成するためには、まずは神の教えを聞いた一人ひとりが、心の陽気ぐらしを身の周りから実践していくという順序が、狭義の意味での「手段」としての陽気ぐらしということになるでしょう。

そのことを、すでに見てきたように、教祖みきは、単に言葉で教えるだけではなく、世間的に見れば貧のどん底にいながらも、常に明るく勇んで通るという姿を自ら実践して見せて、当時や後世の人々のための「ひながた」（お手本）とした、と考えられています。物質的な「貧」はあったとしても、「困」という心の不幸感は切り離すことができることを示したものとも言えるでしょう。

おそらく、このような考え方を、天理教の教えの基本の一つとして、U氏は幸之助氏に話したのではないかと想像できます。

◎教祖が伝えたかった「神」の思い

教祖みきが、貧のどん底の道中において人々に伝えようとしたことの一つは、人間が自分で意識しなくても、身体の隅々に至るまで神のはたらきが及んでおり、それはまさに〝生かされている〟ということであり、この精密な生命維持のシステムそのものが「神の守護」である、ということであったと思われます。不治の病が治ったというような特別な現象を「奇跡」として神の存在を感じさせるだけでなく、むしろそのようなことは、神のはたらきを知らせるためのきっかけに過ぎず、より大切なことは、自然界にも身体にも同様に神の摂理が行き渡っていることを人間が自覚し、人間創造の目的である「陽気ぐらし」を目指して生きることを促したということです。当たり前のように生きていることそのものが、実は「奇跡」であり、親神により「生かされている」ことを知ってほしいということなのです。

産業人の「真使命」とは「貧乏の克服」（類似の1）

ここで少し立ち戻り、本書のテーマである幸之助氏と天理教の接点、あるいは「類似性」に目を向けたいと思います。

幸之助氏は、天理訪問の帰途の電車内で、先ほどまで見聞きしたことを心の中で反芻（はんすう）します。これまで事業をやってきても、使命観というものがなかった。では、産業人はどんな使命観を持つべきかと自問したとき、一般的な日用品を、ちょうど水道の水（＝人間の生産物）のように潤沢に生産し社会に安価で行き渡らせれば、貧しい人々でも手に入れることができ、生活が豊かになるはずだ。モノを産みだす産業とは「貧乏克服運動」ではないか、という結論に至ったといいます。後年、これが「水道哲学」と呼ばれて広く知られるようになりました。自叙伝の中で、幸之助氏は、

> 「四百四病の病より貧ほどつらいものはない」という諺がある。貧を無くすることは、すなわち人生至高の尊き聖業であるといい得る。

と確信しています。そして、「宗教」が精神的な安心を与え、「実業」が物資の豊かさを与え、両者が車の両輪のようになれば理想の社会が築かれる、と発想しました。実業も、宗教に負けない同等の「聖業」であると気づいて、大いなる自信と確信を得たわけです。そのことに気づいた年、昭和7年を「命知元年」としたのです。

　このような発想を、幸之助氏が全く独自に感得したとしても不思議ではありません。すでに若くして社会的成功を収めた人が、それに安住することなく、さらに大きな使命達成に向けて邁進しようとすることは、十分あり得ることだろうと思います。また、地元・大阪でも当時、日常的に貧困の状況が見られたでしょうから、自らの事業を、そのような人々を救う「貧乏克服運動」としていこうと考えていたかもしれません。

しかしながら、天理訪問の帰り道で、幸之助氏はどうして貧困に着目したのでしょうか。やはりそこには、その日、目の当たりにした天理の盛況ぶりと、教祖中山みきが、何よりも世の貧困にまず目を向けたことを知ったことが、強い印象として脳裏に残っていたとも考えられるでしょう。

すでにふれたことですが、歴史的に見て、明治以降の産業界は、まずは「富国強兵」「殖産興業」を合言葉に、新しい日本国家の確立に貢献することを目指した時期を経て、一定の成果を見ました。その後、大正デモクラシーなど西洋の近代的な社会思想を通じて、今度は、一般庶民の福祉に寄与するための近代産業の興隆を、という考え方が広まり、産業界は、労働者でもある一般庶民の福祉に目を向け始めたといわれています。

しかし、幸之助氏のように、一般庶民を通り越して、一足飛びに社会の底辺にあえぐ貧困層に注目し、その救済を産業人の真使命として宣言したことは、同時代の産業界の常識の、さらに一歩先を行く発想だと言えます。37歳の青年実業家が、そのことを独自に発想した可能性を否定するものではありませんが、天理訪問からの帰途、ないしはその直後に発想したのだとすれば、やはり、教祖中山みきの「谷底せりあげ」の思いとの「類似性」を指摘することに特段の無理があるとは思えません。

もちろん、教祖の思いにあった「谷底せりあげ」とは、物質的豊かさだけを一元的に重視するものではありませんでした。であるからこそ、幸之助氏も自叙伝の中で「物資が豊かでも精神的安心立命がなくては人間的価値もまたしあわせもない」と、精神的安心を担う「宗教」の大切さを認めているのです。しかし一方で、「物資に乏しくば生命の維持すら困難である」がゆえに、「生産につぐ生産、物資の増強」こそ等しく重要であるとして、物質的豊かさの価値は精神的価値と同等のものであり、実業も「聖業」だと考えたわけです。

言い換えれば、宗教に敬意を払いつつも、宗教には直接的にできない、産業だからこそできる使命に、幸之助氏は大いなる気概を感じたと言えるのではないでしょうか。

このように、松下幸之助氏と教祖中山みきの考えを比べてみると、貧者に目を向け、救済の手を差し伸べようとする点では「類似」しているものの、救済へのアプローチの方法という点では「相違」として認識することができます。
　ここで再び、教祖中山みきの足跡に話を戻したいと思います。

不思議なたすけの始まりと迫害・弾圧

　母屋もなく、収入源でもある田地田畑のほとんどを手放してしまった嘉永7年（1854年）、57歳のころから、「不思議なたすけ」といわれる、常人にはなし得ない救済の業を、みきは見せるようになります。まずは身内であり、すでに嫁いでいた三女おはるや近在の女性の出産に関わり、安産の不思議を現しています。

　出産は、今日では想像もつかないほど母子の生命に関わる一大事であった当時、教祖みきの教えに従えば、鮮やかな安産が得られることが口づてに広まっていったのです。さらに、医者も匙を投げた病人が、みきに願えば次々にたすかるという不思議を現すようになり、次第に「生き神様」と呼ばれるようになりました。「医者の手余りを救ける」という神言があるように、医薬でたすからない人たちに、不思議な救済を見せたのです。うわさを聞いて、たすけを求めにきた人々は、貧者・農民・町民・武士階級まで広範に及びました。ただし、教祖みきによってたすけられた人々の多くが、すぐに「陽気ぐらし」世界建設の人材、つまり信者になったわけではありません。目先の苦しみから解放されれば、せいぜいお礼を言って帰るのが常であったようです。報酬なども一切、要求も期待もせず、中山家の生活状態は相変わらず貧しかったようです。教祖の真の目的は「心のたすけ」であって、病人をたすけたのは、そのための一つの手だてに過ぎないのですが、そのように理解する人は、ほとんどいなかったのも事実でした。

しかし、このように特別な力を見せ、広く評判になったことは、同時に既存の宗教界からの迫害の引き金にもなりました。ただでさえ奈良は、長い歴史を持つ権威ある神社仏閣が多い土地柄です。なんら宗教的修行も経ず、寺子屋程度の教育しかなく、何より公的な許可を受けていない農家の一婦人が、霊験あらたかな力を見せることは、専門の宗教家たちにとって看過できない事態であったようです。

有力な神社の神職が、公的権力に訴えて天理教の初期信者を拘束させたり、僧侶や山伏などが中山家に乱入して抜刀のうえ、ふすまや畳を切り裂くなどの破壊行為を行い、何度も脅したことが伝えられています。そのような場面に直面しても、教祖は、平生と変わらず毅然（きぜん）として、するがままに任せ、神の教えを語ったと、家族や初期の信者たちが伝えています。

こうして「生き神様」のもとには、うわさを聞いて次々と人々が集まってきました。そのうち、たすけられた人々の中から、教祖の仰せ通りに、参拝できる建物の普請を申し出る大工などが出てくるようになりました。「神のやしろ」になってから、30年近くも経（た）ったころです。

こうしたなか、教祖は、幕末の慶応2年（1866年）秋ごろから、「みかぐらうた」と呼ばれる、いまも天理教で行われている祭儀である「おつとめ」の地歌（じうた）を教え始めています。みかぐらうた、つまり「歌」と呼ばれるように、教祖によって地歌にメロディーがつけられ、現在も各教会や布教所、信者宅でも朝勤・夕勤で歌われているため、歌詞を諳（そら）んじている者は多くいます。また、神の教えを口で伝えるばかりでなく、明治2年から15年にかけて、「神意」のままに筆を執り、「おふでさき」として計1千711首の和歌体で教えを表現しています。「みかぐらうた」と「おふでさき」は天理教の原典です。ちなみに、もう一つの原典に「おさしづ」というものがあり、全7巻本、数千ページにわたってまとめられている浩瀚なものです。

明治に入ってからも、新政府の公認が無いことを理由に、他宗教からの迫害に相まって、官憲による弾圧（教祖の拘束や、信者の参拝と儀礼の制止など）が始まり、教祖と側近の信者たちは幾度も連行されるようになりました。多数の信者が許可なく集まっているとか、公認されていない儀礼を行っているとかというような、今日では考えられない理由で、高齢の教祖を十数度も連行したのです。ところが、連行されるときも教祖は素直に従い、「ふしから芽が吹く」などと、心配する周囲に明るく言い放ち、いそいそと出かけたといいます。これもまた、教祖の「ひながた」として、信者が拠り所とするメッセージの一つです。つまり、どんなに厳しい局面であっても、それを一つの「節目」として、心正しく生きることで「芽が吹く」、つまり、より良い方向へと発展する新たな糸口になるという教えなのです。余談ですが、教祖に接した警察関係者の中から、熱心な信者が出たというエピソードも残されています。

弾圧の強まりに反して、信者の数は年を追うごとに増え、監獄署から釈放される教祖を、千数百人の信者たちが、百数十台の人力車を連ねて待ち構え、長い列をなして堂々と帰宅するようなことも起こっています。沿道は至るところ人の山で、取り締まりの警察官が、解散しなければ逮捕するぞと脅しても、「命たすけられて拝んで何が悪い」と、誰からともなく声が発せられ、「そうだ」「そうだ」の連呼が続き、警察官といえども手を出すことができなかったという逸話も伝えられています。

明治の世も進むと、近畿ばかりでなく、遠く関東、東海、中国、四国、九州北部などへも、初期の信者が布教師となって教えを伝えていき、明治20年、教祖が「現身をかくす」までに推定10万人ほどの信者が県内外の広域にいたのではないかと推測されています。いまだ奈良盆地に鉄道が敷かれていない明治初期でも、たとえば兵庫県北部の但馬地方の信者集団などが、徒歩で3日も4日もかけて奈良へ行き、初めて教祖に会い、優しく声をかけてもらった感激などが、数々の帰参記録に残されています。

このように、遠方から来る信者も増加するなかで、既述したように、幕末期からすでに「講」という単位で信仰生活を行う仕組みも展開されました。

そんななか、明治20年（1887年）陰暦正月26日、教祖は90歳にして「現身をかくす」ことになります。

教祖の姿が見えなくなったことは、信者にとって大きな落胆と不安であり、もうこれで終わりかと思った人も少なからずいたはずです。ましてや官憲も一般の人たちも、天理教はこれで終わりだなと思ったとしても不思議ではありません。一方で、教祖が生身の身体であれば、信者はいつまでも教祖に頼り、自主的な心が育まれない。また、信者に励行するように促していた祭儀「おつとめ」も、教祖の言う通り実行すれば、警察官が来て教祖を連行するとあって、いくら教祖が、そのことを気にせずに「おつとめ」をするようにと促しても、実行をためらわざるを得ない、といったジレンマがあったことも事実でした。

むしろ、教祖が現身をかくすことで、逆に、一人ひとりの信者にとっても、教祖は常に自分の側にいてくださる（「教祖にお連れ通りいただいている」）という感覚が芽生え、その後は「おたすけ」（病気や苦しみの救済）を通じて、急速に全国各地へ教えが広まることになりました。10年後の明治31年には、教会数が北海道から九州まで

1千651カ所にも急増し、信者数も百万人単位になりました。教団の歴史では、むしろ現身の教祖がいなくなった後の10年間で、「燎原の火の如く」各地で信者が増えたということです。

以上のことをまとめると、教祖中山みきの役割とは、

一つは、「神のやしろ」＝「親神天理王命」が教祖の身体に入り込み、その口を通して神の思いを伝える。

一つは、「ひながたの親」＝親神の望む生き方のお手本を示す。どのような時にも日々「陽気ぐらし」を実践し、その実現に向けて人だすけを行う。

一つは、「存命の理」＝生前同様に人々を導き育て、人だすけ（世界たすけ）のうえに、はたらき続ける存在。

と、整理することができるでしょう。

以上、信者の間ではよく知られたエピソードを中心に、教祖在世時代の歩みを概略

説明しました。U氏は幸之助氏に、似たような内容を、熱意をもって話して聞かせたかもしれません。

次は、教祖が姿をかくした後の天理教が、どのように展開していったのか、その歩みを示すに先立ち、特に教祖の「年祭」というキーワードを中心に説明してみたいと思います。これは、後述するように、本書のテーマ「類似」の2とも関係しています。信者なら誰でも知っている、この「年祭」という言葉とその意味を、幸之助氏も耳にしなかったはずはありません。昭和7年3月の訪問時が、まさにその「年祭」活動の最中にあったわけですから。

教祖が現身をかくした後の天理教の展開

既述のように、信者は急速に増えていきますが、明治20年代であっても、天理教は表向きは神道の一派でした。しかしこの間、信者の数は激増し、いわば「燎原の火の如き」教勢の伸展が見られたといいます。既存の宗教にとって、この状況は看過できるものではなく、政府に働きかけ、明治29年（1896年）4月6日付で「内務省訓令」が出されます。これは、全国の都道府県に天理教を厳しく取り締まるよう密かに命令したものです。教祖が教えた朝夕の「おつとめ」の制限や、教理の変更の強要、また布教活動にも厳しい監視の目を光らせたといいます。政府の認可がない宗教活動は、犯罪者のように監視されたのです。実は、そのような政府の監視は、昭和初期でも部分的に残っており、教祖の教え通りの姿に復元されていったのは、第二次世界大戦後になってからです。

いずれにしても、明治20年以降、教祖の教えを受け継いだ初期の信者たちは、教団の中心である若き中山眞之亮（しんのすけ）・初代真柱（教祖の孫、１８６６－１９１４）を中心に、天理教が政府からも一般社会からも認知され、世界一れつ「陽気ぐらし」への道が伸展するよう工夫する必要がありました。しかし、お手本とすべき前例など無いに等しい時代でしたので、教勢が急伸展する一方で、信者の中には、熱心さのあまり、教祖の教えにそぐわない方法や自己流の解釈で「おたすけ」を敢行し、教えを説くような人が出てきました。それがまた世間の批判を招くこともあったようです。教団組織の整備、教義の体系化、天理教教師の養成機関の設置など、多方面にわたって近代的教団の姿を形成していく必要に迫られました。そのような先人たちの一つひとつの手探りの努力が実り、悲願であった「一派独立認可」が明治41年（1908年）11月27日、内務大臣から下りました。

幸之助氏が昭和7年に天理で見た姿は、教団が政府からも一般社会からも一定の認知を得て、ある程度の形が整えられてきたときでもあったと言えます。図らずも、その姿は、若き経営者・松下幸之助氏にとれば、産業界でほぼ見かけることのない、一種の特別な「経営」の姿として目に映っていたかもしれません。むしろ幸之助氏は、天理を見ることで、「経営の真髄に思いを」致したと自叙伝の中で記しており、「真個の経営」「正義の経営」「聖なる経営」という言葉が頭の中を駆け巡り、自身のこれまでの経営を見直し、「真個の経営」に作り替えたいと思ったということです。経営者として、すでに人並み以上の成功を収めていた幸之助氏が、もともとは「経営」というような概念を意識したわけではない天理教の姿を見ることで、「経営の真髄」を見いだすヒントを得た、というのです。

数多の会社経営者の中で、松下幸之助氏のような経営者が他にいたとは思われません。例外中の例外ではないでしょうか。通常、宗教から学ぶとは、心のありようなどの精神面を参考にすることはあっても、天理教組織そのものに「経営の真髄」を見いだすというのは、ほぼ前例がないように思われます。これこそが、幸之助氏の非凡さを表しているとも言えるでしょう。

本書のテーマとの関係から、明治20年以後の教団の発展は、次に述べるように、「年祭」と呼ばれる、教祖が現身をかくしてのち、ほぼ10年ごとに勤められた、節目ごとの目標設定によって推進されてきたという一つの特徴があります。この点は、第1章で示した類似点に関わることです。以下、その歴史を概観していきたいと思います。

期限を仕切って行う「教祖年祭」活動

そもそも「年祭」とは何かと言えば、仏教などでも、死者の命日に一周忌、七回忌などがあるように、天理教でも信者が死亡（「出直し」といいます）すると、1年祭、5年祭、10年祭と区切って霊祭を勤め、その遺徳をたたえます。ところが、教祖中山みきの場合は、「出直し」をしたわけではなく、いまも「存命」で「世界たすけ」のうえにはたらいているがゆえに、教祖の「年祭」は、単に遺徳をたたえるという霊祭ではなく、そのたすけ一条の親心を胸に刻み直し、新たな道を踏み出す誓いを立てる、「陽気ぐらし」実現に向けての一つの仕切りの時旬という位置づけになるようです。

「教祖年祭」は、まず「教祖1年祭」（明治21年〈1888年〉）に始まり（祭典中に警官が来て中止）、次に「教祖5年祭」（明治24年〈1891年〉）、そして「教祖10年祭」（明治29年〈1896年〉）が執り行われました。それ以降は10年ごとに勤められ、「教祖20年祭」（明治39年〈1906年〉）、「教祖30年祭」（大正5年〈1916年〉）、「教祖40年祭」（大正15年・昭和元年〈1926年〉）を経て、次の大きな区切りとなる「教祖50年祭」（昭和11年〈1936年〉）に向けての「昭和普請」が進行している真っただ中に、幸之助氏は初めて天理を訪問したわけです。

このような区切りの「年祭」には、特別な祭典が執り行われるだけでなく、その年祭の年を目指して、全教あげての〝達成目標〟が掲げられました。

その概略を記すと、

○教祖10年祭（明治29年〈1896年〉）には、本部へ帰参する信者数の急増に対応して、従来の施設ではあまりに手狭なため、受け入れのための広大な敷地が必要になり、「地所を広げる」ことが目標となりました。今日の広大な境内地の土台ができたのです。当時の統計がどれほど正確なものであったのか定かではありませんが、この10年祭時の信者数は全国で300万人を超えていた、ともいわれています。その同年3月9日の祭典には、15万人の帰参者があったという記録が残っています。

○教祖20年祭（明治39年〈1906年〉）は、疲弊した日露戦争の直後であり、また前年の38年には東北地方で大飢饉（だいききん）が発生するなか、教団として義捐金（ぎえんきん）などを送ったこともあり、目立った普請などは行われませんでした。そして、既述したように、明治29年から天理教を厳しく取り締まる政府の「内務省訓令」が出された雌伏の長い10年間であったことも、教勢に影響しています。しかし、そのような逆境下においても、天理教の教師養成の「天理教校」（明治33年）が設立されたり、全国を10教区に分けて管理する体制を整えたり、『天理教教典』（明治36年、いわゆる『明治教典』）が作成されたりと、教団の近代化が進められたことは特筆すべきだと思います。こうして、明治39年2月18日に執行された教祖20年祭には、大きな仮祭場が必要となるほど、十数万人の参拝者があふれる勢いがありました。つまり、苦境の渦中でも、「年祭」という10年ごとの特別な区切りを目指して奮起することで、意義ある成果を達成できたと言えそうです。

教祖20年祭までの教団としての厳しい道のりは、明治41年11月27日の「一派独立認可」によって、大きな山を越えました。それは、冬の時代が去り、いよいよ広い道へと出る明るい時代の幕開けであり、次の教祖年祭につながっていきます。

○教祖30年祭（大正5年〈1916年〉）には、小規模な神殿しかなく、それまでは必要に応じて仮祭場を建てては解体を繰り返すような不便さがありました。また、「存命」ではたらかれる教祖のお住まいにふさわしい建物もなく、一方、増加する参拝者を迎え入れる参拝場の常設にも迫られます。そこで、かつてない大がかりな普請、のちに「大正普請」と呼ばれる「神殿」および「教祖殿」の建築が目標とされ、神殿は大正2年12月25日に竣工（しゅんこう）し、教祖殿は翌大正3年4月に完成しています。この「神殿」は、幸之助氏が昭和7年の訪問時に参拝し、その大きさに驚いたとされる建物ですが、それでも280坪程度でした。この「神殿」は、正式には「北礼拝場」と呼ばれており、現在も使われていることは再三述べた通りです。実は、このとき完成した「教祖殿」は、まだ小規模で、あらためて教祖50年祭に向けて新たに建てることになりました。その建築の様子を幸之助氏は見たわけです。

ちなみに、大正時代に出来上がったこの教祖殿の建物は、少し西方へ移築され、現在は「祖霊殿」として使われています。

なお、この30年祭から陽暦が使われるようになり、年祭の祭典は1月25日に執行されました。帰参者は15万人余りで、朝鮮半島や旧満州からの帰参者もあり、当時の国鉄はすでに奈良から天理まで路線が延びていたものの、通常の輸送機関では間に合わず、奈良駅から10キロの道のりを徒歩で帰参した信者も多数あったといいます。当時の教会数は3千570カ所と記録されています。

歴史を遡（さかのぼ）れば、最初の神殿普請は、幕末の元治元年（1864年）、大工の飯降伊蔵（いぶりいぞう）が、妻の病気をたすけてもらったお礼にと、「一坪四方のもの建家（たちや）ではない」との教祖の指示で始められたものです。その後、明治の後半からは、「年祭」の旬を目指して、布教活動の傍ら、増え続ける信者の受け入れ態勢を整備していくことになります。

○教祖40年祭（大正15年・昭和元年〈1926年〉）は、さらなる飛躍を見せています。大正10年（1921年）に、5年後に迎える「教祖40年祭」の執行が打ち出されました。年祭に向かう活動方針も発表され、その一つが「教勢倍加運動」と呼ばれるもので、教会数も教師の数も、また信者数も、それまでの倍増を目指して猛烈な布教活動が展開されました。実際、教会数は、大正9年末の4千66カ所から、昭和元年末には8千621カ所へと、また教師の数も2万2千378人から4万6千576人へと、ほぼ倍増しています。この年祭に向けては、海外布教も目標に掲げられ、その手だてとして、幸之助氏が自叙伝に「専門学校」と書いた「天理外国語学校」(天理大学の前身）が設立されました。

ちなみに、この40年祭の祭典は大正15年の1月15日、20日、25日と3回執行され、延べ65万人が帰参したため、大正普請で完成した神殿に加えて、大きな仮祭場も増設され、境内地は参拝者で埋め尽くされました。
○教祖50年祭（昭和11年〈1936年〉）に向けては、40年祭の盛況を受け、さらなる教勢の伸展と、本部施設の整備が進められました。その諸活動の中心人物であった松村吉太郎氏は、演説の中で「天理教は現在信者七百万とも八百万ともいっています」と述べ、50年祭に向けては「人類更生」という大目標を掲げて、さらなる布教活動を呼びかけています。このとき「昭和普請」が行われ、さらに大きな南礼拝場が新たに建設され、30年祭時に建てられた教祖殿よりも、さらに大きな教祖殿が新築されました。
50年祭は、1月26日から2月18日にかけてを年祭期間とし、初日の1月26日の祭典に駆けつけた参拝者は、30万人に上ったという記録が残されています。

幸之助氏がU氏に連れられて天理を訪問した昭和7年とは、まさに教団の初期の歴

教祖40年祭　仮祭場前の参拝者

教祖50年祭　参拝者でにぎわう本部中庭

史の中で最高潮に盛り上がっていたタイミングであったと言えます。

目標達成への「使命達成期間250年」と「教祖年祭」の類似と相違（類似の2）

本書のテーマに話を戻します。このように、天理教が昭和初期の時点まで紆余曲折を経ながらも伸展してきたのは、10年ごとの節目である「教祖年祭」を旬として、大きな目標を掲げて取り組んできたことを、幸之助氏はU氏から聞かされたに違いありません。これは、U氏ほどの信者にとって常識的な情報でした。

幸之助氏は、昭和7年の第1回創業記念日において、産業人の真使命を語るだけでなく、その「使命達成期間」として250年という目標年数も発表しました。天理教では、その究極の目標である「陽気ぐらし」世界実現のための達成期間というのはありません。その意味では、幸之助氏の「250年」はオリジナルです。しかし、ざっくりと250年という長い年数を設定したのではなく、それを10節に細分化して目標を設定していま す。その点では、天理教の「年祭」と似通っているように見えます。その箇所を自叙伝の中から引用すると、

「二百五十年間を十節に分割するのである。第一節の二十五年間をさらに三期に分ける。しかして第一期の十年間はもっぱらこれを建設時代とする。次の第二期十年間は建設を続けつつもっぱら活動する活動時代である。そして最後の五年間は建設と活動を続けつつ（中略）世間に貢献する貢献時代とするのである」として、250年後には「世を物資に充ち満ちた、いわゆる富み栄えた楽土たらしめんとする」としています。その次には、さらなる第2段階の250年すら想定しています。

この両者は、数こそ違っても、年数を仕切って取り組むというところに共通点があります。ちなみに、幸之助氏の、年数を区切ってさらなる発展を目指す企業経営のあり方は、戦後の高度成長期にも見られます。パナソニック社ホームページの社史を見ると、

1956年の経営方針発表会で「5ヵ年計画」を発表した。その内容は1955年の年商220億円を1960年には800億円に、従業員を11、000人から18、000人に、資本金を30億円から100億円にするというものだった。出席者は全員その計画の壮大さに驚いた。また、当時の民間企業でこうした長期計画を発表す

る会社はなく、社外でも大きな反響を呼んだ。

と記されています。もちろん、海外へ目を転じれば、旧ソビエト連邦などの共産国家などでは、「五カ年計画」などの国家的計画経済政策が行われていたわけですから、知識としては広く社会に共有されていたことでもありました。

天理教の歴史を振り返ってみると、こうした「教祖年祭」のみならず、期限を「仕切る」という考え方は、その草創期から、病気の治癒を願う祈りの中にもすでに見られます。天理教では、その草創期から、おたすけ対象の病人と直接対面することができない場合でも、「天理王命（てんりおうのみこと）」と神名を唱え、「三日三夜（みっかみよさ）」（三日三晩）と期限を仕切って一心に祈れば、「不思議」なはたらきが現れると説かれていたようです。「時間を仕切ってお願いする」という祈り方は、天理教では古くから行われていたのです。

第5章

初めて親里を歩く（午後）

充実した教育施設と製材所

幸之助氏一行は、午前中だけで4時間もの時間をかけながら、その日に案内される施設の半分も見て回っていません。自叙伝『私の行き方 考え方』には、「昼食を済まして午後は」と書いてありますが、U氏とどこで昼食を取ったのかなどについては、一切ふれられていません。熱心なU氏のことですので、ちゃんと事前にどこで食べるかなど、おおよその段取りを決めていたでしょうが、幸之助氏にしてみれば、食事をするために天理まで来たわけではないので、そのような記述は省いたのでしょう。当時、食事できるところは限られており、やはり参道でもあった本通り沿いだったはずです。そして、食事をしながらも、U氏と幸之助氏の間で交わされていた会話は、天理教のことについてであったかもしれません。大勢の人で賑(にぎ)わう食堂内では、遠い県外からと思われるお国言葉も耳に入り、なかには、どの地方の言葉なのか、その意味内容がよく分からない場合もあったでしょう。そのようなところにも、信者の全国的な広がりを実感できたはずです。

これ以降、昼食を済ませてからの午後の見学先をたどってみますが、自叙伝には、午後の見学について説明する箇所に「経営上への示唆」という標題を立てているところがあり、注目に値します。あっけにとられたり、また信者の敬虔な祈りの姿を見て回ったりした午前中から、休憩を取って少し落ち着いて見渡せるようになった午後に、さらに見聞するうちに、幸之助氏の心には、当初は自身に直接関係がないと思って見学していた親里の姿が、実は事業経営にとっても特別な意味があるように感じられてきたといった、意識の展開があったことを示唆していると筆者には感じられるのです。

午後の見学ルートを自叙伝から見ると、（表紙裏および253ページの地図参照）
一、「付属中学校」（旧制天理中学校のこと）、次いで
二、「専門学校」（天理外国語学校のこと）「図書館」（天理図書館のこと）、そして、
三、「教校」（天理教校のこと）を参観、最後に、
四、「製材所」を見て電車で帰路についた、
とあります。

「製材所」見学が終わったときが午後5時ごろで、さらにその後、電車を待つ間も、

U氏はさらに「いろいろ話」をし、「精神的に確固たる安心をもって事業を進めていくためには、この教えは非常に力強いものがあります」などと念押しをするように、幸之助氏に入信を勧めたという一連の長い文章が書かれています。ちなみに自叙伝では、「電車」で帰路についたと書かれており、私鉄の大軌（現在の近鉄）を利用したことは間違いありません。当時、上本町（大阪）行きの直行便が出ていたからです。

本書のテーマとの関係で、この章では、第1章で紹介した松下電器と天理教の「類似」の諸点のなかの、以下の項目について述べてみたいと思います。

6、昭和9年・11年の松下電器の「社内教育機関の設置」と、天理教経営の学校「天理教校」「(旧制) 天理中学校」「天理外国語学校」などとの類似

3、昭和7年6月に復刊した『歩一会会誌』（月刊）および昭和9年12月から『松下電器所内新聞』の発行と、天理教の月刊誌『みちのとも』（明治24年創刊）と週刊新聞『天理時報』（昭和5年創刊）との類似

午後からの訪問の最初は「付属中学校」でした。つまり、旧制天理中学校のことです。昭和初期当時は、本部神殿の西方、いまは参拝者のための広い駐車場になっている辺りだと考えられます。参道からも近く、昼食後、容易に校門前まで行って見ることができたはずです。

旧制天理中学校の正門

元々は天理教布教師を養成するための、後述する「天理教校」（明治33年設立）の一部でしたが、明治41年（１９０８年）に私立天理中学校として独立し、戦後の昭和22年（１９４７年）の新学制の実施とともに現在の天理中学校となり、翌年には現在の天理高等学校ともなっています。

教育内容は、戦前戦後と、他の中学校と変わりはありませんが、やはり教団設立による私立学校として、教祖が説いた教えに基づく信条教育を行い、毎朝、全校生が神殿で整然と正座して、おつとめを勤めてから校舎へ向かい、その日の学習を開始することは現在も変わりません。

幸之助氏が次に導かれて見たのが「専門学校」でした。これは、本部神殿敷地の南側にあります。天理中学校から、ゆっくり歩いて15分ほどです。

幸之助氏が専門学校と言うのは「天理外国語学校」のことです。教祖40年祭に向かって天理教内が大いに盛り上がるなか、海外布教の気運も高まり、特に天理教青年会などが中心となって、大正14年（1925年）に創設された語学専門学校です。これが元となり、戦後の新学制によって昭和24年、現在の天理大学になりました。

創設当時、日本の外国語学校は、現在の東京外国語大学と、大阪外国語大学（現在は大阪大学に統合）だけでした。当初は朝鮮語、中国語、マレー語、ロシア語を教え、大正15年にスペイン語、昭和3年に英語、その後もドイツ語やフランス語などが追加されました。当時は稀（まれ）であった、アジアの言語教育が行われたのは、海外への布教はまず近隣アジアからという、校主である中山正善・二代真柱の意向が反映されたこと

天理図書館（左）と天理外国語学校（右）〈昭和10年撮影〉

石上宅嗣卿顕彰碑（左）と昭和5年の天理図書館開館式の様子（右）

によります。また、当時の専門学校としては類例のない、男女共学で始まっています。

幸之助氏はU氏から、当時の大都会にもない「専門学校」の特徴について説明を受けたはずです。そして、この校舎の東隣には立派な「図書館」が建っていました。天理図書館は昭和5年10月の開館ですから、まだ外観も内装も真新しい西洋建築の雄姿を見ることができたと思われます。幸之助氏の自叙伝でも、特に言及しており、

ことに図書館は最近の建築になるもので、鉄筋コンクリート建ての堂々たるものである。内部機構も調度も、東京や大阪の大都市にあってもふさわしいと思われる完備したもので、私もその充実ぶりに大いに感嘆した。


と書いています。「内部機構や調度も」と書いているので、外からだけでなく、内部にも立ち入ったに違いありません。

図書館が建設された歴史的経緯について短くふれておきますと、『天理図書館四十年史』の「概説」などによれば、最初に図書館設立の意思が示されたのは、大正7年（1918年）に天理教青年会が創立された年と時を同じくしています。それ以前に、天理教内の有識者からも、信者や布教師が広く教養を身に付けられるようにと、図書

施設の必要性が語られていたといいます。

この天理図書館の創立は、教祖中山みきの曾孫に当たる中山正善・二代真柱の発意によるものです。二代真柱と幸之助氏は、戦中から、さらに戦後も交流があったことが、氏自身の寄稿文などからうかがえますから、やや詳しく解説しておきます。

天理図書館の創立は、単に一般的な教養のためというよりも、まずは教祖の活動した江戸期に書かれた文書や文学を探ることで、教祖の書き残した文書（原典）や初期の信者が残した多くの手記などの記録文書の意味を深く正しく理解するために、参考となる同時代の書籍を収集しようとしたこと。また、教祖が「世界たすけ」を意図したことを受け、海外布教に資する各種資料、たとえばキリシタンの世界布教のあり方などを研究する目的などもあったようです。二代真柱は、東京帝国大学卒の宗教研究者でもあり、また無類の書籍愛好家としても知られていたようです。

特筆すべきは、この図書館から東に歩いて数分のところに、古代ヤマト王権からの豪族、物部（もののべ）氏にゆかりの、日本最古級の神社ともいわれる石上（いそのかみ）神宮が立地していることです。その一族の末裔（まつえい）の一人に、石上宅嗣（いそのかみのやかつぐ）（729-781）という人物がいます。

宅嗣は、平城京（8世紀）の政府高官であり、文人として『万葉集』に歌、また勅撰漢文集『経国集』には漢詩も残している人物で、さらに、広い自宅敷地内に書籍を保管する「藝亭（うんてい）」という名称の図書館を建て、閲覧できるように開放したという史実が、『続日本紀（しょくにほんぎ）』（797年完成）に記されています。この史実をもとに、「藝亭」こそ、日本で最初の開架式図書館とも考えられています。中山正善氏は、そのような人物にゆかりのある地に相応（ふさわ）しい図書館の設立を心がけ、かつ誰でも活用できることを意図したことが、先述の「四十年史」に書かれています。

現在、天理図書館は天理大学の付属施設ですが、広く一般公開され、国内外から利用者が来訪しています。「四十年史」などを見ると、吉田茂元首相、歴史家アーノルド・トインビーなどが来訪した際の写真も散見されます。

図書館の前には、既述した石上宅嗣と「藝亭」のことなどを記した高さ4メートル近い石碑が、昭和5年10月18日に建立されています。その文章は、当時の京都帝国大学図書館長で、かの『広辞苑』編者としても著名な新村出（しんむらいずる）博士が書いたもので、昭和7年訪問の幸之助氏も、U氏の説明を受けながら石碑を見上げたかもしれません。

こうした説明や見物を通して、幸之助氏は自叙伝に「東京や大阪の大都市にあってもふさわしいと思われる」との感想を記したものと思われます。

次に幸之助氏が導かれたのは、「教校」（正式には「天理教校」）という、「一定期間教理を説く」と氏が記した教育施設です。当時「鑵子山」と呼ばれた、小高い丘の上に建てられていました。位置は、図書館の北方、教会本部の境内地と図書館の中間地点、布留川のすぐ南方にありました。現在「鑵子山」はなく、平地になっており、教団の諸施設が建てられています。自叙伝には、次のように書き残されています。

ここもまた規模広大なもので、当時入校者五千名を越えると聞いた。授業期間は半年ごとで、年に二回卒業生を出すということであった。多い時はこの入校生が一期七千人に及ぶということで、毎年少なくとも一万人を下らない卒業生を出しつつあったのである。実はその盛んなること想像も及ばないという盛況である。この盛況ぶりについてはかねて断片的には聞き及んでいたが、現実にこのありさまをみて痛く感動を覚えた次第であった。

神殿から校舎に向かう教校別科生の列（左）と天理教校（右）

と、かなりの驚きようが伝わってきます。

記録を見ると、確かに大正9年（1920年）時の24期生は、260人の卒業生数にすぎなかったものが、教祖40年祭の前年、大正14年の34期になると、5千774人の卒業生数が記録されており、以後さらに、教祖50年祭（昭和11年）に向けては、例年よりも多い入校生で大いに賑（にぎ）わっていました。幸之助氏も天理訪問以前に、その盛況ぶりを「断片的には聞き及んでいた」というのですから、実際に目の当たりにして、心に一層深く刻まれるものがあったようです。

天理教校とは、明治32年（1899年）9月26日に奈良県知事の設立認可を得て、翌33年4月1日に開校し、最初の入校生110人を受け入れています。当初は天理教教師を養成する4年制の学校でした。その初期に、教会本部の西方に校舎を建てています。先述した旧制天理中学校の辺りでしょう。その後、明治41年に組織を変更し、3年後に「鑵子山」へ新校舎を新築しています。校舎面積だけで293坪程度あったといいます。昭和初期には毎年1万人もの教校生がいたといわれ、既存の教室には入りきれなかったために、午前のクラスと午後のクラスに分けて教室を利用し、教室を使えないクラスは、ひのきしんに従事するなどの工夫をしたようです。

天理教の教えを国内外に伝えるための教師（布教師）の養成施設である「教校」は、若き経営者・幸之助氏に強い印象を残したことが、先の引用文からもうかがえます。「中学校」に通う若い年齢のころから教祖の膝元で教育を受け、天理教の教師を目指す年長者は「教校」へ進み、また海外布教を目指す若者は、当時では稀な外国語専門学校でエリート教育を受けるという、天理教の教育の先進的充実ぶりに、幸之助氏は目を見張ったと思われます。そして、自身の会社経営の参考にできることはないかと考えたのではないかとも想像します。松下電器が昭和9年以降、社内に充実した教育機関を設立したことと全く無縁ではないように思われます。このことについては、のちに詳しく述べたいと思います。

さて、「教校」を後にして、参道を駅の方向に歩いて、天理訪問の最後に訪れたのは、当時の国鉄線路のすぐ東側にあった「製材所」でした。参道から100メートルほど北方にあります。

「製材所ってなにをする所ですか？」

と思わず反問した。

と自叙伝に書かれています。教団が自前の製材所を持っているということが、意外だったようです。確かに、通常なら外部の専門業者に委託すべき業務だと思ったのでしょう。

当時の「製材所」とは、「昭和普請」のために、駅まで貨物列車で輸送されてきた木材（ほぼ国産ヒノキ）が、この「製材所」に運び込まれたのですが、丹波市(たんばいち)駅（現在のＪＲ天理駅から南東方向へ200メートル程度のところ）から、臨時の線路が本線の

製材所内の様子　左は製材用のバンド鋸

東側に沿って増設され、材木は貨物ごとに製材所まで運び込まれました。この製材所で、ヒノキの巨木は適度な大きさに切り分けられ、処理されて、さらに特設線路のトロッコで境内地まで運搬されていました。

以下に、自叙伝から長い文章を引用しますが、製材所の内部も、よく見えるような構造になっていたようです。製材所から駅までは、国鉄も私鉄（現・近鉄）も、目の前の近い距離にありました。

幸之助氏は、後年の講話などでこの製材所について、しばしば言及しており、自叙伝の中でも多くの文字を費やして詳しく説明しているので、次にほぼ全文を転載します。

U氏は最後に私を製材所へ案内するという。製材所、と聞いて私は
「製材所ってなにをする所ですか?」
と思わず反問した。私には意外だったのである。
「製材所って材木の製材所ですよ。もっか教祖殿の建設をはじめ、その他本部所属の建物教会等の建設用材の製材はこれを直営してるんですよ」
とU氏はその製材所について説明してくれたのである。それによると、製材所は広大な敷地に完備せる機械設備を設置して、百人近い人が毎日毎日全国の信者から献木される数多い原木を柱、天井、棟木等の所用に製材しつつあるという。
私は聞いて不思議に思った。いかになんでも製材所を直営するとは果たしてその必要があるのか、そんなに毎日毎日百人からの人が製材に従事して、それだけの用途が続いていくのか、信じられないような気もした。それで
「今度の教祖殿その他の建設がすめば、製材所はいらぬようになるのではないか」
と質問すると、U氏はさも得意気に
「松下さん、そんな心配はいりません。いま建築しつつある建物がすんでも、次

から次へと年々発展に要する建物が必要になってまいります。それを建設するには引き続き製材所を活動せしめねばなりません。拡張の要こそあれ、これを縮小、休止する等のことは絶対ありません」

と強く断言した。

私はこの力強さに感嘆しつつ同道してその製材所に到着した。

みると話のとおり、広大な敷地に数棟の工場が建ち並んでいる。広場の材木置場には、驚くばかりの山なす原木が、堆く所狭きまでに積まれてある。一歩工場にはいると、モーターのひびきや、機械鋸によって切り割られていく材木のひびきなど、轟々たる雑音のなかに、多数の職人が額に汗して緊張裡に製材の仕事に従事している。その姿、その態度には一種独特の厳粛味が看取されて、普通、町の工場でみる職人の活動ぶりと違った雰囲気が感じられて、思わず襟を正すといった敬虔さを覚えしめるものがあった。聞けばこの人たちもまたほとんど信者の奉仕の人々が主であるということで、さすがとうなずけた。いずれにしてもたいしたものである。相当大きな製材会社にもこのような大きな規模のものは少なかろうと思われるほどであった。

私は最後のこの製材所をみて、強い感動と感激とを覚えた。さすがに宗教の力は偉大なものである。このような大きな建設事業が、しかも奉仕の人々によって進められていくということ、また所要材木がことごとく献木によってなるということなどを考えあわせて、しばし感慨無量であった。

以上、踊るような筆致で書かれていますが、何より、幸之助氏の記憶力のすごさと記述の細かさに驚かされます。外部者が当時の「製材所」について、これほど詳細に書き残しているのは大変貴重な記録と言えます。また最初に、このように文字化されたのが、既述の社内月刊誌『歩一会会誌』であり、それは天理訪問から10年以上も経った後であったことを考えると、よほど強いインパクトがあったものと想像されます。

こうして幸之助氏は、「製材所」のすぐ近くにあった私鉄（現・近鉄）天理駅までU氏に見送られますが、いよいよ別れる前にも、U氏は多くの言葉を使って幸之助氏に入信を勧めたことが自叙伝に書かれています。ほぼ午後6時くらいに天理を発ったとすると、「春分の日」に近い3月であれば、ちょうど日没のころです。奈良盆地の西方にそびえる生駒山系の上空が夕焼けに染まる景色に向かって、電車は進みます。その車中で、幸之助氏の興奮はいまださめやらず、帰宅した後も考えに考え抜いた挙げ句、「産業人の真使命」を発想したのでしょう。そして、約2カ月間の準備期間を経て、5月5日に全店員を大阪中央電気倶楽部に集めて大演説を行い、「第1回創業記念式」を開催したのです。

ここで、本書のテーマである「類似性」という点で、二つの項目にふれておきたいと思います。

社内教育制度：「店員養成所」と「工員養成所」の開校（類似の6）

松下電器は、「第1回創業記念日」以降、昭和8年（1933年）に現在の門真市へ移転し、大きな挑戦を始めたことは既述の通りです。その1年後に「店員養成所」という学校を会社内に設立しています。全国の小学校卒業生の中から優秀な少年を入所させ、英語、国語、数学、物理、歴史、武道など、通常の旧制中学校5カ年分の学習を、3年間で習得させるものであったようです。

この項に関する情報のほぼすべては、先に引いた小原明氏の著作『松下電器の企業内教育』（2001）と、社史『松下電器五十年の略史』などに依拠していますから、詳しくは、特に小原氏の研究を参照していただきたいのですが、次に概略を記します。

店員養成所の初年度の応募者は800人以上にもなり、書類選考で250人にしぼり、3日間かけた学科試験などで最終45人を採用したといいます。幸之助氏は、そのはるか以前、大正11年（1922年）ごろから「事業を経営しつつ人物を養成し、人物を養成しつつ事業を行なうような、物の生産と教育とが同時に行なえるような工場経営というか、学校経営というか二つを一つの事業として、これを実現してみたい」「富士の裾野あたりの広大な土地に工場を建設して……」というような夢を抱いていたと伝えられています。自らは小学校4年までの教育しか受けておらず、似たような境遇にある優秀な少年に中等教育を受けさせせつつ、松下電器の柱になっていくような人材に養成したいと思った、というのです。それに間違いはないでしょうが、自身がその思いを実現する前に、すでにそのような姿を天理で大規模に実現していると知ったときの、幸之助氏の胸中もまた推し量ることができます。

「店員養成所」では、第1期生43人が昭和12年3月に卒業しています、進路先は経理、総務、購買、営業、研究などの管理・営業部門へ主に配属され、製造部門にはわずか3人ほどであったといいます。第2期生も似たような配属先であるところを見ると、「店員養成所」とは、松下電器の経営幹部・管理者を養成しようとするところであったことが分かります。のちの九州松下電器社長や松下電池工業社長なども、ここから輩出したといいますから、優れた人材が育成されたことがうかがえます。昭和14年（1939年）1月には、「松下電器社員養成所」へと改名し、順調に運営されたようですが、第二次世界大戦が激化する昭和19年3月に、技術者の養成を命じる政府の方針によって閉鎖されることになりました。

一方、「工員養成所」も昭和11年4月、「店員養成所」内に併設されています。これは工場労働者を養成するものであり、実務訓練を重視するものであったようです。高等小学校の卒業生から募集し、選抜して1年間、週に学科20時間、実習30時間の授業を受けさせました。特に、電気や数学などの科目が重視されたといいます。ただ、卒業後の進路については、松下電器に残ることを義務づけなかったためか、戦後まで松下で働いた人はわずかだったということです。

ちなみに、戦後の昭和45年には、松下電器の商品を販売する系列電器店（ナショナルショップ、現在のパナソニックショップ）の後継者などを養成する「松下電器商学院」（2001年「松下幸之助商学院」へと改名）が滋賀県草津市に設立されています。「徳育・知育・体育の三位一体」の教育方針のもと、1年間の寮生活をしながら、電器店経営のノウハウの取得だけでなく、人間教育も行われ、現在までに5千人ほどの卒業生があるようです。

次の「類似性」の項目は、社内の出版物に関するものです。自叙伝には、天理訪問時に、天理教の出版物に関する言及は見当たりませんが、似たような定期刊行物が、やはり天理訪問以後に発行されています。

社内刊行物：『歩一会会誌』と『松下電器所内新聞』（類似の3）

パナソニックのホームページを見ると、松下電器は、昭和2年（1927年）11月に販売店向けの機関誌として『松下電器月報』を創刊しています。幸之助氏は、創刊号の中で「弊所はどんな営業ぶりであるか等をよく理解していただくと同時に、こんなふうにやれとか、こう改良しろとか、つまり皆様のご希望や要求を聞かせていただきたい」と述べています。さらに、この月報の思想は、その後の「松下電器連盟店経営資料」や戦後の「ナショナルショップ」誌へと引き継がれていったとホームページで説明されていることからも、幸之助氏は文書による広報の力をよく知っていたことがうかがえます。ただし、これらの発行物は社外向け、あるいは会社と取引先の関係者向けの定期刊行物でした。

では、社内向けの刊行物はといえば、戦前は『歩一会会誌』で、昭和2年12月に創刊号が発行されました。ただし、その後は途絶えており、創刊号自体も現存せず、本社の社史室である歴史文化コミュニケーション室にも保存されていないと筆者は聞いています。そのため、内容について知ることはできません。

また、この創刊号以後、次号が発行されたのは、その5年後の昭和7年6月、つまり、第1回創業記念日が開催された翌月というタイミングで、「昭和7年6月号（第

2巻6月号)」が実質残っている最も古い月刊『歩一会会誌』であるということになります。

筆者は、社史室で実際に手に取り、拝見しました。社主である松下幸之助氏からのメッセージ文だけでなく、時勢の論評、また社内各種サークル活動など、多様な文章やマンガ表現すら見られます。その中に、「日の寄進」というタイトルの見開き2ページにわたる短いエッセーが、一人の社員によって書かれており、内容についても、天理教の「ひのきしん」の教えについて正確に説明されています。社内にも天理教の信者がいたことが推測されるばかりか、「第1回創業記念日」の熱狂が、社主・松下幸之助氏の天理訪問と関連していたことが社内にも伝わっていたことをうかがわせる資料です。

この第2巻6月号以降は毎月発行され、終戦直後の昭和20年12月号が最終刊となっています。それは、翌21年1月に「松下産業労働組合」が発足し、「歩一会」自身が発展的に解散することになったためであると考えられます。その『歩一会会誌』に、幸之助氏の自叙伝『私の行き方 考え方』の元となる連載記事が、昭和10年から足かけ10年にわたり書かれています。

この『歩一会会誌』と並んで、パナソニックのホームページによれば、昭和9年12月から『松下電器所内新聞』という社内向け新聞が発行されています。創刊の主旨について、幸之助氏は「業容の推移、政策、方針などは、われわれの最も大なる関心事であり、それを明確に知ることは松下人にとっては安心立命の源である」と書き残しています。すぐ翌年の12月には、松下電器が株式会社になったために、名称も『松下電器社内新聞』へと変更されています。そして、昭和16年10月に出版物統制法により一時廃刊となったのですが、戦後の21年2月に『松下電器産業社内新聞』となって復刊されました。

このような社内向け定期刊行物が、戦前当時の日本の企業でどれほど一般的であったのか、あるいは珍しいものであったのか、筆者は寡聞（かぶん）にして知りません。しかし、既述のように、天理教が主に教内向けの月刊誌など各種出版物を出しており、すでに長い歴史を持っていたことは、幸之助氏に知らされていた可能性は大いにあります。

参道となる商店街には、天理教の出版物を販売する書店もあり、これらは、道行く人の誰の目にも入るものでした。

ちなみに、日本の民俗学の父とされる柳田国男も、大正5年（1916年）に奈良を訪れたとき、誰の案内もないまま天理に立ち寄り、天理（丹波市）の印象を「小エルサレム」などと語り、参道の書店で天理教の出版物を手にしたことなどを書き残しています。大正初期でも、特に求めなくとも出版物を手にできたことが分かります。

天理教の定期刊行物で、特に歴史の長いものは、明治24年（1891年）12月28日付創刊の月刊誌『みちのとも』（当初の表記は「道の友」、昭和3年に「みちのとも」となる）であり、21世紀の現在に至るまで連綿と続いています。日本の月刊誌としては、同一発行所による同名タイトルで、現在まで続く最古のものの一つです。ちなみに明治20年創刊の『中央公論』は、国内で最も古い雑誌といわれていますが、創刊当初の誌名は『反省会雑誌』で、明治32年に現在の名称へと変更されています。

ところで、『みちのとも』発刊の背景は、明治21年に教会本部が設置されて以降、信者数も教会数も急増していく中で、天理教の統理者であった中山眞之亮（しんのすけ）・初代真柱が、すべての教会に頻繁に出かけて直接教えを伝えることが困難になったことなどから、「教理に関する説話を満載して、信徒一般に心の糧を与えるよう」という主旨で創刊したといいます。「みち（道）のとも（友）」という名称からも分かるように、天理教の道を歩む友の間で読まれるもの、という意味のようです。さらに、昭和5年（1930年）に『天理時報』という週刊新聞が創刊され、現在まで続いています。これら紙誌以外にも、多数の定期刊行物が後年出されるようになりました。

以上のことから、教内向けの月刊誌や週刊新聞と、やはり松下電器社内向けの『歩一会会誌』や『松下電器所内新聞』についても、発行の主旨などにおいて類似するところがあると思われます。

あくまでも想像の域を出るものではありませんが、昭和7年3月の初訪問時、U氏が終日かけて天理を案内し、見学を終えた幸之助氏を駅で見送るとき、たったいま見てきた昭和普請の

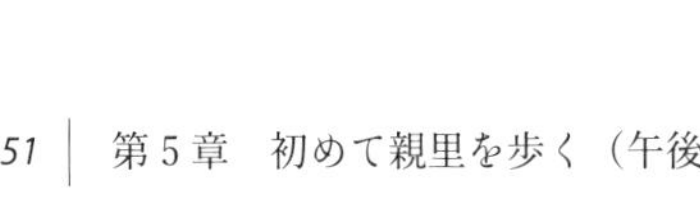

『道の友』創刊号（四六判）

進捗（しんちょく）状況などを伝える『みちのとも』や『天理時報』を、帰りの車中で読んでください、とでも言って手渡していたとしても不思議ではありません。

以上、これまでの章で、昭和7年の天理訪問を、かなり寄り道をしながら追体験してもらいました。詳しすぎる長い記述のように感じられたかもしれませんが、本書の読者が、ここまでの章すべてを読む時間が10時間もかかったでしょうか。幸之助氏の初の親里探訪に要したのは10時間であり、かつ実際の風景を見ながら、U氏から懇切丁寧な解説を受けて行われたものです。「百聞は一見にしかず」といいますから、本書で書かれている以上の情報を、幸之助氏は目や耳にしたかもしれません。

次章では、さらに戦後の展開として、幸之助氏の考え方と天理教の教えの「類似」の諸点とともに、相違する諸点を、断片的にではありますが、筆者の目のつく限り見てみたいと思います。

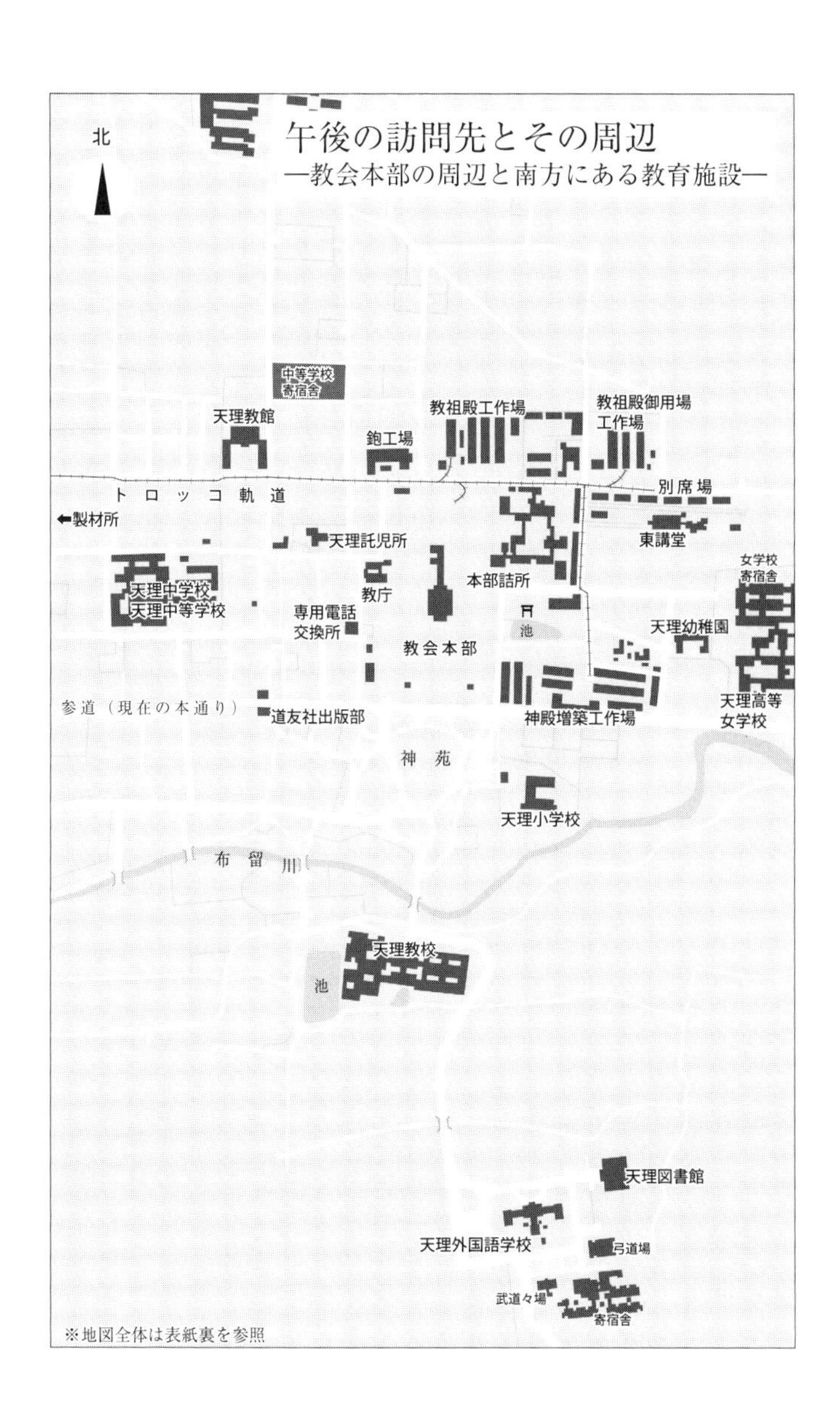
午後の訪問先とその周辺
—教会本部の周辺と南方にある教育施設—
北
中等学校
寄宿舎
天理教館
教祖殿工作場
教祖殿御用場
工作場
鉋工場
トロッコ軌道
別席場
←製材所
天理託児所
東講堂
女学校
寄宿舎
天理中学校
天理中等学校
教庁
本部詰所
専用電話
交換所
池
天理幼稚園
教会本部
参道（現在の本通り）
道友社出版部
神殿増築工作場
天理高等
女学校
神苑
天理小学校
布留川
天理教校
池
天理図書館
天理外国語学校
弓道場
武道々場
寄宿舎
※地図全体は表紙裏を参照

第6章

戦後の展開に見る「類似性」

あらためて言うまでもなく、松下幸之助氏が天理教の信仰者であったことはありません。しかし、本書においては、昭和7年（1932年）の天理訪問を通じて、使命観の重要さを思い知る、という抽象的な側面ばかりでなく、天理教組織の姿や形という具体的な面においても、いくつかのヒントを得たのではないか、と思われるふしがあることを述べてきました。そして、そのような諸点を、あくまでも類似点として指摘してきました。

本章では、さらに戦後の展開として、第二次世界大戦後に設立された後述するPHP研究所の出版物や講演記録などで、幸之助氏が自ら語り、書いてきたことの中から、天理教と類似している考え方や用語を拾ってみたいと思います。幸之助氏自身は、その発想をどこから得たのかを、ほぼ語ることがなかったため、何が氏のオリジナルで、何が先人の考えや言葉からヒントを得たのか不明な点が多いのです。まして、天理教用語であるとか、似通った概念であるとは全く語っていないために、教祖中山みきの教えを全く知らずに初めてその用語に接する人は、特に気にも留めずに通り過ぎてしまいがちですが、天理教の教えをある程度知る者なら、ごく自然に類似していると感じるところがいくつかあります。

これは、筆者の勝手な想像だけで述べているのではなく、既述したように昭和35年12月14日、のちに三代真柱となる中山善衞氏、つまり天理教の教理に精通している代表的人物が、幸之助氏などにインタビューした本『僕のインタビュー』（1962、道友社刊）の中で、

（PHPについて）僕らの教えていただいている教理と、ある点では共通したものがあると思って拝見しました。

と直接伝えている場面があります。残念ながら、それが具体的にどのような点であるのか、同書にはこれ以上の言及はありませんが、率直な感想であったことが見て取れます。

「神のやしろ」である教祖中山みきが残した教語の多くは、「かなの教え」と呼ばれるように、誰でも分かる平易な言葉が多く、仏教や儒教などで見られるような、高い教養を必要とする難しい漢字が使われることはありませんでした。教養に乏しい当時の庶民であっても理解できるように、という配慮とも考えられます。

しかし、平易な言葉とはいえ、天理教独自の意味内容を含んだものは少なからずあります。「ひのきしん」や「陽気ぐらし」といった典型的な「教語」については、幸之助氏も、自身の書いたものや語ったものの記録の中で、天理教用語と特定していません。しかし、それ以外にも本章で言及するように、天理教内で広く知られている言葉や考え方が、幸之助氏の書いたものの中にも散見されますが、その出典についてはふれられていません。もちろん、他の思想や本からの発想かもしれませんが、ここでは、あえて天理教との「類似性」として紹介したいと思います。

しかしながら、幸之助氏の著作物は膨大であり、また、講演などでの発言は数千本のテープに収められ、その一部を文字に起こした『松下幸之助発言集』（1991〜1993、PHP研究所発行）だけでも45冊という浩瀚（こうかん）な文献です。それ以外にも数多くの著作があり、そのすべてに目と耳を通して吟味することなど、筆者の力では到底及びません。機会があれば、今後の課題としたいと思います。

以下、筆者が気づく限りの「類似性」を紹介するわけですが、文字通り、あくまで「類似」しているものであって、似ているからといって、幸之助氏が教祖の教えから知ったと断定しているわけではありません。そもそも教祖の語り伝えたことのすべてが、天理教のオリジナルであるとは言えないことも承知しています。つまり、教祖によれば、この世のすべて、全宇宙が「神のからだ」であり、特別な意図を持って人間と世界を創めたと宣言する「親神＝天理王命」は、これまでの人類史において、種としての人間の成長過程や、地域や文明の特徴に応じて、神の思いを十のものなら九つまで説き方を変えて教えてきたのであり、最後の一つの要を中山みきを通じて伝えた、とされています。ゆえに、天理教以前の諸宗教や先達の知恵の中で、古来、人々に広く知られていたことが、教祖の口を通して、新たな意味内容をもって表現されていることも少なからずあります。幸之助氏は戦前から、特に戦後は、多くの宗教家や知識人と積極的に接点を持っていましたから、教祖中山みきの教えとの共通項があったとしても、教祖の教えから直接ヒントを得たと自動的に断定できるわけではありません。

ただし、幸之助氏と天理教との接点は、昭和7年3月の天理訪問だけではなく、戦前から、中山正善・二代真柱とも個人的な交流があり、戦後においても、教団を代表する人と交流があったことも氏自身の寄稿などから明らかです。そのような接点の中で、天理教の教えが話題として全く出なかったとするほうが不自然だと思います。一般に、宗教の教えは、いきなり原典を読んでも分かりにくいものであり、むしろ教えを知る人から口頭で説明を受け、質問もしながらやりとりをすることによって理解されるものです。

一人の人物としての幸之助氏は、天理教を含む数々の宗教や専門家との、濃淡の差こそあれ交流があり、知見のやりとりもあったと思われ、その関係の糸はあまりにも複雑に絡み合い、すべてを解きほぐすことは容易ならぬ作業であります。何より幸之助氏自身が、どこからヒントを得たのかについて、ほとんど言及することがなかったために、幸之助氏の読者にとって、どれが氏のオリジナルであり、どこが先人の考えであるのかを特定することは困難です。そのような知的カオスの中で、本章では、目に留まる限りにおいて、天理教との「類似点」とその相違についても指摘しています。これも、幸之助氏の思想をより深く知るための、ささやかな一歩であると理解していただければと思います。天理教以外の諸宗教や哲学など、多方面からの今後の研究が行われることを期待しています。

戦後の天理教との類似点を見るためには、まず、終戦直後に設立されたＰＨＰ研究所という枠組みの中で、幸之助氏が書き記し、また講演などで語ったことを見るのが適切だろうと思います。

ＰＨＰ運動の開始の理念

幸之助氏は、広く知られているＰＨＰの活動を、昭和21年（１９４６年）、51歳のときに開始しています。昭和20年８月15日に終戦を迎え、松下電器も復興に向かうべく、同年９月にはラジオ、乾電池、電熱器、電球などの生産を再開したようです。ところが、翌21年になると、大きく事情が変わり、当時の日本の支配権力であるマッカーサー元帥に代表されるＧＨＱによって、会社資産が凍結され、財閥家族であると指定された揚げ句、11月には社長である幸之助氏と常務以上の重役が公職追放の指定を受けるなど、松下電器は解体の危機に直面しています。戦中に軍事物資を生産させられていたことが影響したものと思われます。

当時、軍事物資を供給した産業界には非常に厳しい風当たりがありましたが、松下電器が特異であったのは、従業員から成る労働組合が、公職追放の免除を求める1万5千通もの嘆願書をGHQへ提出するなど、他の大企業では見られない現象が起こったことです。翌22年5月には、公職追放指定が早々と解除されるという異例の措置が取られています。これも、幸之助氏の歩みの誠実さを傍証するものと言えるでしょう。

しかし、生産上の制限は続いていたため、会社の代表が4年余りにわたって何十回もGHQへ足を運び、松下電器は三井や住友など、長い歴史を持つ財閥とは違う会社であることを理解してもらえるまで説明し続けたということです。その甲斐(かい)あって、昭和25年後半には、すべての制限が解除されたといいます。

このような非常に厳しい数年間の始まりである昭和21年に、PHP、つまりPeace and Happiness through Prosperity(繁栄によって平和と幸福を)という、一般の会社経営とは全く違う、研究・出版事業を通じた社会啓発運動に類することを幸之助氏は始めています。翌22年4月には、月刊誌『PHP』が創刊されました。なぜ、このような活動が開始されたのか、現在(令和元年8月6日)のPHP研究所のホームペ

ージを見ると、

昭和21年。第2次世界大戦に敗れた直後の日本は、東京、大阪はじめ主要都市の大半を爆撃によって破壊され、人びとは家を失い、着るものもなく、その日の食料にも事欠くというきわめて困窮した状態にありました。そうした中で占領軍の監督のもと復興再建の歩みが始まりましたが、それは順調には進展せず、世情はむしろ悪化の一途を辿(たど)っていました。当時の法律法令や仕組みには、社会の実情や人情の機微に即さないものも多く、そのために、まじめに働けば働くほど、まじめに物をつくればつくるほど損をする、正直者がバカを見る、法を犯さなくては生きていけないといった姿が、あちこちに見られました。

大正7年に松下電器(現パナソニック)を創業以来、27年間にわたり社長としてその経営に打ち込んできた松下幸之助は、戦後のそうした混乱、混迷の中で次のように考えたのです。

「自然界に生きる鳥や獣は山野を嬉々(きき)として飛びまわっている。それなのに、万物の霊長といわれるわれわれ人間が、なぜこれほど不幸に悩み、貧困に苦しまなければならないのか、これが人間本来の姿なのだろうか。いや、決してそうではあるまい。人間はもっともっと物心ともに豊かな繁栄のうちに、平和で幸福に生きることができるはずだ。現に人間だけが、太古の昔から今日に至る間に、精神的にも物質的にも驚くほどの進歩発展をなし遂げてきている。だから、必ずどこかに、繁栄、平和、幸福につながる道があるはずだ。それをなんとかして求めてみたい」

このいわばやむにやまれぬ思いを世の人びとに訴え、ＰＨＰ実現への道をともどもに考えあっていきたいと思い立った松下幸之助は、昭和21年11月３日、ＰＨＰ研究所を創設し、自ら所長として活動の第一歩を踏み出します。以来今日まで、ＰＨＰ研究所は研究、出版・普及、啓発・実践を３つの柱として事業を展開、２０１６年には創設70周年を迎えることができました。

と記されています。実業家が現役のまま高邁（こうまい）な理想を掲げて社会啓発運動のようなことも行うという、実に稀有な行動と言ってよいと思います。しかも世間では、希望の光の見えにくい終戦直後の廃墟からの出発です。

一方、教祖中山みきもまた、幕末から明治維新の動乱期という先の見えない時代に、官憲の弾圧のもと、その日の暮らしもままならぬなか、しかも奈良盆地の農村から、全く前例の無い「世界たすけ」による「陽気ぐらし」という大きな目標を掲げて、明るく勇んで歩みを進めたことは既述した通りです。

「天地自然の理」（松下幸之助）と「天然自然の理」（教祖中山みき）

さて、幸之助氏は、ＰＨＰ運動の開始に当たり、昭和21年（１９４６年）11月３日にＰＨＰ創始の主旨を冊子にして表明しています。現在、京都駅近くのＰＨＰ研究所京都本部ビル内の「松下資料館」の経営図書館に保存されている主旨文を読むと、天理教との「類似」とともに「相違」の一側面を見るうえで、少なからず参考になるものがあります。幸之助氏はまず、幸福になるためには「物心一如」、つまり「心もゆたか、身もゆたか」になる必要があると説いた後、そのための道筋として「天地自然の理」に従うという一節を繰り返し使っています。たとえば、「科学も宗教も天地自然の理に従うところにその価値が見出される」「人類の繁栄の根源は、天地自然の理に適う(かなう)ところにある」として、そのための方法として「天地自然の理を解明された幾多先哲諸聖の所説を導きとし、広く一般大衆の衆智を取り入れ、更に(さらに)現代の各方面の有識者の論説を汲ん(くん)で……」と、「天地自然の理」をキーワードとしていることが分かります。

「天地自然」という用語は、まさに、ＰＨＰ運動が開始される昭和21年11月３日の、ＰＨＰ研究所開所式で決められた「綱領」の冒頭に記されてもいます。引用すると、

「綱領」
天地自然の中に繁栄の原理を究め
進んでこれを社会生活の上に具現し
以て(もって)人類の平和と幸福とを
招来せんことを期す

とあります。

幸之助氏が目指したのは、「物心一如」の幸福を得る道筋を明らかにすることであり、そのためには、歴史と地域を縦横に駆け回り、科学・宗教を問わず、ありとあらゆる領域から「天地自然の理」を解明していくことである、と解釈することができます。付言すれば、「物心一如」とは、幸之助氏が自叙伝『私の行き方 考え方』の中で書いているように、初めての天理訪問の帰り道、脳裏に闡明にひらめいたこと、すなわち、物資の豊かさと心の豊かさを両輪としてこそ、人は真に幸せを感じられるのだ、という信念でした。そして、物資の豊かさに貢献して社会の「貧乏を克服する」ことこそが、「産業人の真使命」と考えたのでした。

この「天地自然」という言葉自身は、幸之助氏のオリジナルでないことは明らかです。東洋思想に見られ、日本でも古くから使われてきました。

幸之助氏の『人生談義』という書物の中に出てくる「天地自然の理」と題する項目に、次のような文章があります。一部をそのまま紹介すると、

無理をしないということは、理に反しないということ、言いかえると、理に従うことです。春になれば花が咲き、秋になれば葉っぱが散る。草も木も、芽を出

すときには芽を出し、実のなるときには実をむすび、枯れるべきときときには枯れていく。まさに自然の理に従った態度ですよ。人間も自然の中で生きている限り、天地自然の理に従った生き方、行動をとらなければなりません。といっても、それは、別にむずかしいことではない。言いかえると、雨が降れば傘をさすという

ことです。

という文章です。

これを読むと、天地自然の理に従うとは、自然界に摂理があるように、人間もその理に従った生き方をするのがよい、という意味に受け取れます。そのことを分かりやすく表現したのが、先に述べた「雨が降れば傘をさす」という、印象に残るフレーズなのでしょう。

一方、天理教教祖中山みきの教えに目を転じると、「天然自然の理」という用語が神言として使われています。ただし、「天地自然」ではなく、「天然自然」という用い方です。幕末・明治の時期、教祖はよく「この道は、人間心でいける道やない。天然

自然に成り立つ道や」と言っていたことが信者の間で知られています。つまり、人間の都合や思惑だけの理屈で物事が展開するのではなく、天の理（＝神の摂理）に沿うことで正しい道を歩むことができるという意味のようです。明治時代に記録された浩瀚な原典の一つである「おさしづ」には、「天然自然の理で治めるなら、どれだけ危ない所でも怖わい所でも、神が手を引いて連れて通る」などと書かれています。

さらに付言すれば、天理教にとって「神のはたらき」とは、このような天然自然の理そのものであるとも説かれています。神のはたらきとは、あらゆる摂理（天の理）そのものであり、かつ、その天の理を瞬時も止めることなく司っている存在が神であるというわけです。かかる意味で、この世・宇宙全体が「神のからだ」であるというのです。つまり、天啓によって教祖中山みきの伝えた神（親神＝天理王命）とは、この世・宇宙全体の総体であり、そのすべては天の理によって司られているということです。

一見すると、「天地自然の理」と「天然自然の理」は似ているように思いますが、詳しく見ていくと似て非なるものです。まず、幸之助氏の言うところでは、「天地自然の理」を「神の摂理」と同一視することはありませんが、天理教でいう「天然自然の理」は「神のはたらき」そのものであると認識されています。さらに、天地自然は、どちらかというと、人間以外の自然界の摂理を指しているように見えますが、教祖中山みきは、自然界も人間の体内（「身の内」と教祖は呼んだ）も、親神天理王命の共通するはたらきによって成り立っており、その守護のもとに、人間をはじめとするすべての生命は生かされている、と教えています。つまり、自然界も人間の体内も同じ摂理が支配しており、それを「天然自然の理」と呼んだわけです。ただし人間は、自由に使うことを許された「心」という独自の精神世界を持つ、特別な存在として創造されています。その心の使い方の中には、親神の思いに反するような、自己中心的で身勝手な心の使い方もまた含まれているのです。そのような心のあり方の帰結として、個人に対しては、病気や都合の悪い事情が起こり、また社会に対しては、大規模な自然災害などが発生するといいます。ただし、人間にとり不都合な出来事であっても、それは神からの罰という意味ではなく、むしろ親心あふれる〝導きのメッセージ〟であり、自分の生き方や考え方を振り返る大切な機会とするもの、と教えられています。

この点については、次に、もう少し詳しく説明いたします。

◎「かしもの・かりもの」の教え

この世（宇宙）すべては「神のからだ」であり「神のはたらき」により守護されている、という教えは、天理教の根幹を成すもので、人間の身体ですら各自の所有物ではなく、親神の〝貸し与えたもの〟、人間の立場から言えば、親神から〝借りているもの〟という教えです。これを「かしもの・かりもの」という言葉で教祖は説いています。

さらに重要なことは、人間の身体は神からの〝借りもの〟ではあるが、各自の「心」だけは自分のものであり、それぞれが自由に使って生活することができる。しかし、日々の心のありようは、各自の身体や人生の境遇のうえにも反映されるというのが天理教の教えです。日々の心づかいの積み重ねが、人生そのものをつくり上げるというのです。人間にとり不都合な病気（天理の用語では「身上（みじょう）」と呼ばれる）になるのも、心のありようの積み重ねの反映であり、神は病気（身上）に示して知らせるという手段で、一人ひとりに導きのメッセージを送り、その当人がそれまでの心づかいを見直し、心を入れ替えることで、病の苦しさから解放されると教えています。

　病気に関して言えば、「をしい」「ほしい」「にくい」「かわい」「うらみ」「はらだち」「よく」「こうまん」の8種の心のありよう（「八つの埃」）は、人間として日常的に使う心づかいではあるが、それが過度になり、また長期間そのような「ほこり」の心を使い続けていくことで、「ほこり」が積もり重なった状態のように心にこびりつき、本来の明るさが失われることにより、親神による人間の体への健全なはたらきが損なわれるような結果を招いてしまう、ということのようです。ちょうど、雲があれば、太陽の光が遮られるようなイメージでしょうか。天理教の信仰者にとって、病気（身上）や人生のトラブル（事情）は、自身のそれまでの生き方、とりわけ天の理に沿わない心の使い方を振り返るきっかけにすべきものと解釈されています。それゆえ、天理教では、「身上・事情は道の花」（病気やトラブルはむしろ、自身の生き方を見直す契機であり人生の良き転機となすべきもの）とか、また「ふしから芽が吹く」とも言われ、一見都合の悪い苦しいことであっても、そこから新しい芽が出て花が咲くなど、否定的にとらえず、前向きに受けとめるよう教えています。「親神」にとって、罰を与えるのが目的ではなく、人間を陽気ぐらしに導きたいのであると解釈できます。教祖の教えでは、当時の迷信、たとえば祟り（昔は「かまい」ともいう）とか、狐や狸などの霊が憑いて病気になるといったことなどは一切否定されています。それを端的に表す言葉として、原典「おふでさき」の中に、

　このよふにかまいつきものばけものも　かならすあるとさらにをもうな

（十四号16）

という神言も見られます。

　以上のように、「天地自然の理」と「天然自然の理」とは、似ている部分もありますが、似て非なるものとも言えるでしょう。「天然自然の理」のほうは、何よりも心のあり方が大切であると言っているように筆者には聞こえます。

一方、幸之助氏は、「物心一如」（＝心もゆたか、身もゆたか）という考え方であり、物と心が両輪として大切であり、双方が満たされて初めて人間の幸福があるという考

えだと解釈できます。教祖は「谷底せりあげ」との思いから、最も物質的に恵まれない貧者に真っ先に目を向け、自身のその日の食べ物すら惜しげなく与えたと伝えられていますが、これは「物心一如」とは違う考えです。教祖によれば、この世のすべてのものは、「神のからだ」からもたらされる「与え」(物質)であり、これに対しても、人間は感謝して大切に使わせてもらうべきと教えています。と同時に、物への強い執着に心を奪われないことで、むしろ心豊かな世界、心澄みきる世界が開けるとしています。物資の多寡(たか)に関係なく、心豊かな陽気ぐらしの境地があり得ると、教祖は説いたのです。逆に、物資の量を基準とする幸福感の追求には際限がなく、永久に満たされることはないとしています。原典「みかぐらうた」には、

よくのないものなけれども　かみのまへにハよくはない　(五下り目4)
よくのこゝろをうちわすれ　とくとこゝろをさだめかけ　(八下り目4)
よくがあるならやめてくれ　かみのうけとりでけんから　(九下り目4)
よくにきりないどろみづや　こゝろすみきれごくらくや　(十下り目4)

などと、強い物欲や名誉欲など、自己中心的な心の使い方については、繰り返し注意

を促しています。

片や幸之助氏は、天理教のこのような教えをおそらく聞いたからこそ、逆に、確かに強欲は常識的に良くないだろうが、それでもやはり物資の豊かさへの追求もまた軽視すべきではない。巷には、物質的に貧しいがゆえに、これほど多くの人が苦しんでいるではないか。物資の豊かさは心の安定と連動するものでもあり、重要なものであるはずだ。現に、教祖もまた、まずは貧しい人々に手を差し伸べていたではないか、などと思いを巡らせて、「産業人の真使命」＝「貧乏の克服」という理念に至ったかもしれません。「物心一如」とは、このような考えを端的に表すものと思われます。

教祖中山みきの教えとの「類似」の諸相

1、「心を定めて」

まず、最も顕著と思われる一例から始めると、すでに紹介した「心定め」あるいは「心を定める」という用語は、天理教信者なら誰でも知っているフレーズです。幸之助氏のロングセラー『道をひらく』（1968年初版）の冒頭の「道」というタイトルのエッセーに、この表現が入っています。後で紹介したいと思いますが、その前に、同書中のほかのエッセーのタイトルとして、「心を定めて」というものがあります。次に全文を掲載します。

「心を定めて」

嵐が吹いて川があふれて町が流れて、だからその町はもうダメかといえば、必ずしもそうではない。十年もたてば、流れもせず、傷つきもしなかった町よりも、かえってよけいにきれいに、よけいに繁栄していることがしばしばある。

大きな犠牲で、たいへんな苦難ではあったけれど、その苦難に負けず、何とかせねばの思いにあふれて、みんなが人一倍の知恵をしぼり、人一倍の働きをつみ重ねた結果が、流れた町と流れなかった町とのひらきをつくりあげるのである。一方はただ凡々。他方は懸命な思いをかけている。そのひらきなのである。

災難や苦難は、ないに越したことはない。あわずにすめば、まことに結構。何にもなくて順調で、それで万事が好都合にゆけばよいのだが、そうばかりもゆかないのが、この世の中であり、人の歩みである。思わぬ時に思わぬ事が起こってくる。

だから、苦難がくればそれもよし、順調ならばさらによし、そんな思いで安易に流れず、凡に堕さず、いずれのときにも心を定め、思いにあふれて、人一倍の知恵をしぼり、人一倍の働きをつみ重ねてゆきたいものである。（波線部、筆者）

「心を定める」という、いかにも平易な言葉であり、誰が発想しても良さそうな表現です。現に、明治時代の文学作品の中にも、「心を定めて」という使い方が散見されます。この表現は、教祖中山みきが親神の意のまま筆を執って書き残し、いまも信者の間で日常的に読み継がれている原典の一つである「おふでさき」や、天理教の祭儀の地歌である「みかぐらうた」にも見られ、教えの言葉として天理教内では広く用いられています。そのいくつかを拾ってみましょう。
「みかぐらうた」では、
九ッ　こゝろをさだめゐやうなら

十デ　ところのをさまりや　（二下り目）
六ッ　むりにでやうといふでない　こゝろさだめのつくまでハ　（九下り目）

「おふでさき」からは、

めへ〳〵のみのうちよりもしやんして　心さだめて神にもたれよ　（四号43）
しやんして心さためてついてこい　すゑハたのもしみちがあるぞや　（五号24）
しんぢつに心さだめてねがうなら　ちうよぢざいにいまのまあにも　（七号43）
この事をはやく心しいかりと　さだめをつけてはやくかゝれよ　（十四号89）
このたびハどんなためしをするやらな　これでしいかり心さだめよ　（十五号6）

などを挙げることができます。

「心定め」とは、現在でも日常的に信者の話に上る教えの言葉ですから、昭和7年にU氏が教えを説明する中に、その言葉が交じっていたとして不思議ではありません。ただ、先の幸之助氏の2編のエッセー中に使われている「心を定め」という用語は、幸之助氏独自の意味が付与されているようには見えませんが、文字通り、重要な精神的課題を心に刻みつけ、しっかりと固定して、といったニュアンスは見て取れます。

一方、天理教の教えにおいて、「心を定める」あるいは「心定め」というのは、ただ単に、しっかりとした心の状態を保つというだけでなく、一度定めた心は神との約束であるがゆえに、どのようなことがあっても変えないという、強い心の持ち方に力点が置かれていると思います。そして、これに関連するもう一つの大切な教えとしては、そのような強い心をまず定めて、それを達成しようとすることにより、神の特別なはたらきがもたらされるという、信仰的内容も含意しています。教祖の教えによれば、親神の子供である人間のほうから、まず強い心を持ち、言い換えれば、定めた変わらぬ心をもって生きようとすることで、その心に、親神は特段のはたらきをなすというのが「天の理」である、ということのようです。同じような文脈で使われる神言に、「神の方には倍の力や」という教祖の言葉が残されています。たとえば、現状から良い方向への変化を期待するのであれば、単に具体的な手段や戦術を立案するだけでなく、まず最初に、各自の自由になる心によって「心定め」、つまり神との約束をして、それを守ることを誓ってから具体的な行動を起こす、という意味のようです。これに関連して「心定めが第一」という神言もあります。

このように、まずは「心を定める」ことが大切という教祖の教えの背景には、既述したように、人間の身体も含めたこの世界のすべては「神のからだ」であり、心だけは人間が自由に使えるもの、逆に言えば、病気や不遇な状況など今すぐに変えられない現状であったとしても、心だけはすぐにでも自由に変えることができる。その心をどのように「定める」かが起点となって、神の特別なはたらきが現れ、病気や不遇な状況にも変化や改善が見られるようになる、という基本の教えがあるのです。とりわけ、大きな心の定め方としては「一日生涯」、つまり、教祖の教えにつき従い、人だすけに生きることを定めた日の、その定めた心をもって生涯変わらぬ心で生きる、という教語もよく知られています。

このような天理教の意味における「心を定める」という概念を知ったうえで、先に紹介した幸之助氏の「心を定め」のエッセーを読み直すと、順境の時も逆境の時も、環境に心を左右されることなく、定めた変わらぬ心で生きていくことの大切さを述べているという点では、どこか、教祖の教えにある「心定め」の意味と重なるようにも思われるのです。さらに、次項で述べるように、関連する幸之助氏の別の概念と、大いに重なる「類似」の一つとして浮かび上がってくるようにも思えます。

2、「まず、志を立てること」

幸之助氏は『道をひらく』の中で、「志を立てよう」というエッセーを最初から3番目に書いていています。世間一般の知識でも、志を立てるのは望ましいこととして奨励されますが、幸之助氏はそのエッセーの中で「志を立てれば、事はもはや半ばは達せられたといってよい」とまで言いきり、まずは真剣に志を立てるよう促しています。

会社経営でも、何のために事業をするのかという理念（使命、志）を確立する、つまり明確で高邁な目標設定を打ち立ててから、具体的な行動や制度づくりを行う、という「順序」を明らかに示しているのです。幸之助氏自身、昭和7年に「貧乏の克服」を使命・志としたことは既述の通りです。

心のあり方を第一に確立し、それを出発点にする。この順序こそ、教祖中山みきの教えとして先に紹介した、「心定めが第一」に代表される、物事を改善・推進していく「天の理」の順序と類似しています。好ましくない出来事が起きたり、重篤な身上

（病気）に悩み苦しむなどの人生の岐路に立ったりしたときも、専門家に助言を求めたり、医者や薬を頼りとしたりしながらも、それと併行して、大切な精神を「心定め」する。つまり、神と約束するというプロセスをまず踏むことは、天理教の信仰生活において一般的に見られることです。

この、順序としての心の構え、あるいは「強く思う」ことを、物事の成就の第一歩とするというエピソードを、幸之助氏の秘書を長年勤め、元ＰＨＰ研究所社長や参議院議員を歴任した江口克彦氏から聞いたことがあります。

それは戦後、幸之助氏が400人くらいの中小企業経営者を前にしての講演で、幸之助氏の信念として有名な「ダム経営」、つまりダムで貯水しておくように、会社経営も経済的な余裕をつくっておくべきであると話したところ、聞いていた一人の経営者が、「おっしゃる通りなのですが、なかなかそれができないのです。どうすればダムがつくれるのでしょうか？」などと質問したとき、幸之助氏は「やはりまず大切なのが、ダム経営をやろうと思うことですな」などと答えたために、会場からは〝なんだ、そんなことか〟という失笑すら起こったといいます。具体的なお金の蓄え方の伝授を期待したのでしょう。しかし、その中に、まだ京セラを創業したばかりで無名の若き経営者であった稲盛和夫氏がいて、彼は〝なるほど、自分の経営はこうしよう、こうありたいと、まずは強い願望を心に持つことが大切なのだと幸之助氏から学ばされ感動した〟と述懐していたそうです。

このエピソードは、江口氏の著作『成功の法則』の中の「法則1、熱意を持てば成功する！」という文章の中で紹介されています。何をするにしても、まずは心だけは全く好き勝手に使える自由があるのだから、まず強くそう思うというところから出発することが、幸之助氏の信念であったことがうかがえます。そしてそれは、氏の哲学の中でも極めて重要な位置を占めていると思われます。彼がどこでその確信を得たのかは知りませんが、少なくとも、心のあり方を最も重視し、「心定めが第一」と説いた天理教教祖の教えとも重なるところがあると思われます。

付言すれば、「陽気ぐらし」世界の実現（神の子である人間が各々の心を澄まし、互いにたすけ合い、生きている幸せを感じて暮らすこと）という天理教の理想であり信者の志である「目標」は、どのように実現するのか、という答えもまた、まずは状況にとらわれることなく、日々明るい心を心がけるということが第一歩であるということです。つまり、「陽気ぐらし」とは、「目標」であるばかりでなく、日ごろの心の持ち方という意味で、いわば「手段」でもあるという意味とも考えられます。実際の状況が必ずしも喜べないような状況であっても、まずは自由になる心を使って、明るく勇んだ心を日々心がけていく努力をすることで、次第に喜びずくめの状況が、天のはたらきによって生じてくるということなのです。

3、「道」

幸之助氏の著書『道をひらく』の冒頭に出てくるエッセーが「道」です。それだけ重視した言葉であったことが想像できます。言うまでもなく「道」は、日本文化の中で古来、さまざまなたとえをもって語られてきた言葉であり概念です。「武士道」「茶道」「華道」「剣道」「弓道」「柔道」「書道」等々、あらゆる文武の世界で使われてきました。「野球道」などという言葉も耳にしたりします。総じて言えば、「道」がつく場合は、単にその活動の技能の上達を目指すというばかりでなく、より大切な要素として、その活動を通じて個人の人格を向上させる、人として成長するといった意味が込められています。華道の源流である池坊（いけのぼう）から出ているある文書に、「華道の大極の目的は、華道するものの人格の陶冶（とうや）にある」という文章があるのを筆者は見たことがあります。幸之助氏もまた、「道」という言葉を重視したことは間違いありません。エッセー「道」の全文を記します。

「道」

自分には自分に与えられた道がある。天与の尊い道がある。どんな道かは知らないが、ほかの人には歩めない。自分だけしか歩めない、二度と歩めぬかけがえのないこの道。広い時もある。せまい時もある。のぼりもあればくだりもある。坦々（たんたん）とした時もあれば、かきわけかきわけ汗する時もある。

この道が果たしてよいのか悪いのか、思案にあまる時もあろう。なぐさめを求めたくなる時もあろう。しかし、所詮（しょせん）はこの道しかないのではないか。

あきらめろと言うのではない。いま立っているこの道、いま歩んでいるこの道、ともかくもこの道を休まず歩むことである。自分だけしか歩めない大事な道ではないか。自分だけに与えられているかけがえのないこの道ではないか。

他人の道に心をうばわれ、思案にくれて立ちすくんでいても、道はすこしもひらけない。道をひらくためには、まず歩まねばならぬ。心を定め、懸命に歩まねばならぬ。

それがたとえ遠い道のように思えても、休まず歩む姿からは必ず新たな道がひらけてくる。深い喜びも生まれてくる。（波線部、筆者）

筆者が波線を引いたように、ここにも「心を定め」という言葉が入っています。人生を歩むにしても、正しい心がけを一度「定め」たのであれば、それを堅持して歩み続けることを強調しています。

教祖中山みきもまた、「陽気ぐらし」世界を建設するための歩みを「道」にたとえています。そもそも天理教は、かねて信者の間で「お道」と呼ばれており、天理教の信者のことを「お道の人」と称しています。ちなみに、「宗教」という日本語は、幕末に入ってきた西洋語を翻訳した用語です。この言葉が一般的になる前に発生した新しい教えとして、天理教、金光教、黒住教が主に知られていますが、そのいずれも、それぞれの信仰を「お道」と呼んでいた点では共通しているようです。既述したように、日本でも最古級の月刊誌の名称が、天理教が明治24年に創刊した『道の友』（当初の表記）であることも、天理教において、「道」という言葉が日常的に重要であることを明示しています。さらに、「お道」を歩むこと、つまり信者としての営みについて、原典の一つである「おふでさき」第一号では「このさきハみち（道）にたとへてはなし（話）する」と記され、以下のような和歌形式の表現で教えを説いています。（ルビは筆者）

やまさか（山坂）やいばらぐろ（茨）ふもがけみち（崖道）も　つるぎ（剣）のなか（中）もとふりぬけ（通抜）たら（一号47）
まだみ（見）へるひ（火）のなか（中）もありふち（淵）なか（中）も　それをこ（越）したらほそいみち（細道）あり（〃48）
ほそみち（細道）をだん〳〵こ（越）せばをふみち（大道）や　これがたし（確）かなほんみち（本道）である（〃49）

という、「世界たすけ」（＝世界を陽気ぐらしに導く道）を目指す「道」を歩むことは、非常に厳しい道のりではあるものの、それを通り抜ければ素晴らしい大道に出られる

と教えられています。すでに紹介したように、原典である「おふでさき」の中に、

しやんして心さためてついてこい　すゑハたのもしみちがあるぞや　（五号24）

とあるように、よく思案して定めた心であらゆる局面を乗り越え通りきることで、やがては素晴らしい道が開けてくると示されています。道を歩むということは、漫然と歩むのではなく、心を定めて通るということであり、「道」を歩むことと「心定め」を一対で説く場合も少なくありません。その意味でも、幸之助氏のエッセー「道」からも、各人それぞれの道を歩むことと「心を定め」ることが一体となっている、と見て取ることもできるでしょう。

4、「世上が鏡」

『道をひらく』には、また「心の鏡」というエッセーがあります。その中に「自分の周囲にある物、いる人、これすべて、わが心の反映である」といった言葉が見られます。素直であることによって、自分の心の鏡のように周囲が映し出されて見えてくる、というのです。また既述の『松下幸之助発言集』の中には、「世間とは鏡のごときも

のであり、いいかえれば神のごときもの」という文章も見かけられます。

もちろん、これは幸之助氏独自の発想なのかもしれませんが、天理教にも似たような教えがあります。原典の一つ「おさしづ」の中に、「世上が鏡、いかなるもかりもの、心我がもの、心通り鏡に映してある」といった神言があります。たとえば、良い人間関係に恵まれていることは、それも自身の日ごろの心がけの現れであり、逆に、人間関係で嫌な思いをすることがあって、それがたとえ現象的には相手に問題があったとしても、自身の内に、そのような人や場面に出会う理由があることを自覚することが促されたりします。人間関係の中でも、とりわけ夫婦関係については「いんねん寄せて守護する」と教祖が説くように、それぞれの魂に見合った男女が、天の理によって結ばれ、相手の良い点も嫌な点も、自身の内にあるものとして受けとめながら、夫婦が共に成長していくよう促されています。これに似た話が、幸之助氏の『道をひらく』の中の「縁あって」というエッセーの中に見られます。「人と人とのつながりには、実は人間のいわゆる個人的な意志や希望を越えた、一つの深い縁の力が働いているのである。男女の縁もまた同じ」というものです。

無論、夫婦や人間関係を「縁」という用語で説明することは、日本文化の一部であるわけですが、天理教では、縁があることとともに、「同じようないんねん」のお互い（似たような心の歴史を積み重ねた者同士）として、それぞれが自覚するだけでなく、お互いにとってより良き「いんねん」が積み重ねられるように、夫婦として一体となって心の成長を遂げていくといった意味が付与されます。したがって、夫婦とは、お互いにとって「鏡」であるということです。

5、「自然の理法」と「二つ一つが天の理」

松下幸之助氏の著書『人生談義』のなかに、「対立と調和」というエッセーがあります。それによれば、この世の「万物すべて独立し、相互に一対一の関係を持っている、すなわち、対立している」「しかし、同時に、そこに調和を保っている」「それぞれの立場や役割を失わないで、しかも、そこに一つのバランスというか秩序ある姿をつくっている」といった説明がなされています。これが宇宙の「自然の理法」である、というわけです。これは、古来よく知られる陰陽思想という、万物を陰と陽の互いに対立する性格のものとして捉える考え方に似ています。

天理教にも、「二つ一つが天の理」という教えがあります。たとえば地と天、火と水、「つっぱること」と「つなぐこと」など、自然および生命現象としての対立概念、人間関係で言えば、夫と妻、親と子など、対となって構成されているものや機能が、相反しながら一つに調和すること、つまり、それぞれの特性を堅持しながらも調和して働くことにより、人知を超えた成果が現れるのが「天の理」であるとする教えです。逆に、そのバランスが崩れたとき、人間にとれば不都合な現象も現れてくるということです。

古来の陰陽思想、天理教の「二つ一つが天の理」、幸之助氏の「自然の理法」が、どのように共通し、どのように独自性があるのか、筆者には現時点で細部にわたり論じるだけの力量はないので、ここで留めておくことにします。

6、「根源の社」と「元の神・実の神」

幸之助氏が終戦直後に立ち上げたＰＨＰ活動を、１９５０年代にはしばらく休止していましたが、昭和36年（１９６１年）に活動を再開します。その拠点として、歴史ある庭園のあった京都・東山山麓の風光明媚な地（約5千平方メートル）を手に入れ、別邸として整備し直して、「真々庵」と名づけました。その庭園の一角に、翌37年に「根源の社」という、ごく小規模な宗教的施設を設けました。社の形状は、伊勢神宮内宮の正殿のような外観といわれています。同年4月18日に、その建立の式典が行われたようです。そして昭和42年に、ＰＨＰ研究所が現在の京都駅八条口前へ移転し、活動拠点を移した際にも、研究所ビルの最上階に、同じ形状の「根源の社」が建立されました。ちなみに、最初の拠点であった真々庵は、昭和55年から松下電器（パナソニック）の迎賓館として使用されていますが、「根源の社」はそのままのようです。

さらに、昭和56年に、門真市の松下電器本社内に、「創業の森」という〝聖地〟を設けるに際して、その一角に、同じような「根源の社」が祀られました。筆者は、これら3カ所すべての「根源の社」に参拝させていただきました。実は、神奈川県茅ケ崎市に、かの松下政経塾が昭和54年に設立された際にも、幸之助氏は「根源の社」の建立を希望したそうですが、諸事情があり断念したいきさつもあったようです。その候補地であった、こぢんまりとした一角が更地のまま残されているありさまを、筆者は２０１５年秋に同塾を訪れた際、拝見する機会がありました。振り返れば筆者は、本書を上梓することなど夢にも思わなかった時から、先の３カ所の「根源の社」のみならず、松下政経塾の敷地内の候補地も含む、つまり「根源の社」に関係するすべての場所を拝見していたことになります。幸之助氏は、自ら始めたすべての事業の地に「根源の社」を設置して、人には強制することなく、自身は社に向かって手を合わせていたということです。

宗教的施設といえば、このほかに、門真市の本社敷地内に白龍大明神の神社を守護神として祀り、本社以外にも松下電器関係の敷地内に分神が祀られているようです。白龍大明神は元々、和歌山の松下家ゆかりの守護神であったといわれているようです。一方、ＰＨＰ研究所や松下政経塾には、上記の神社は見られません。守護神の神社と「根源の社」とは、別々の意味合いがあるものと想像されます。

では、根源の社は、どのような意味をもって設立されたのか。門真市本社の「創業の森」の中に立てられている掲示板に、その意味が書かれています。その文章を、

『キーワードで読む松下幸之助ハンドブック』から以下に引用します。

宇宙根源の力は、万物を存在せしめ、それらが生成発展する源泉となるものであります。

その力は、自然の理法として、私どもお互いの体内にも脈々として働き、一木一草のなかにまで、生き生きとみちあふれています。私どもは、この偉大な根源の力が宇宙に存在し、それが自然の理法を通じて、万物に生成発展の働きをしていることを会得し、これに深い感謝と祈念のまことをささげなければなりません。

その会得と感謝のために、ここに根源の社を設立し、素直な祈念のなかから、人間としての正しい自覚を持ち、それぞれのなすべき道を、力強く歩むことを誓いたいと思います。

同ハンドブックでは、さらに続けて「宇宙根源の力とその働きである自然の理法は、幸之助がPHP理念を考えるにあたってその基本においた概念」と説明されています。

PHP研究所のホームページ「松下幸之助.com」に、「根源の社」が設立された昭和37年4月18日の式典で読み上げられたという文言が断片的に紹介されています。

「根源の社」についての文章を、以下に引用すると、

「私どもが今日ここにあるのは、幾万代にもわたる遠い祖先のつながりがあったためであり、しかもその祖先の極限は、宇宙の根源から発している」と述べ、「根源に対する祈念は同時に祖先への祈念になる」としています。「常にその存在を忘れず、感謝と祈念のまことをささげるためにその象徴として、ここにこの社を設けた」とし、社への拝礼を怠らないことによって、「自分自身が新しく見直されて、次第に人間本来の姿が自覚できるようになる」と説かれました。

と書かれています。幸之助氏は、「ＰＨＰ研究所や真々庵を訪れた際には、必ずこの根源の社の前で手を合わせ、祈りを捧げてからその日の日課にかかっていた」ともハンドブックに記されています。

幸之助氏の心の奥深いところで、「根源の社」がどのような意味を持つものであったのか、定かに知ることはできませんが、天理教教祖が伝えた内容と重なるところが大いにあるという印象は、筆者の見解というよりも、「根源の社」の意味合いを知った者に共有され得るであろうと思います。

天理教で教えらえる「神」とは、『天理教教典』の第四章「天理王命（てんりおうのみこと）」（＝神の名前）の説明によれば、

親神は、人間世界の根元（もと）にていまし、この世を創（はじ）められたばかりでなく、この世の有りとあらゆるもの、悉く（ことごと）、その守護によらぬものとてはない。

と説明されています。かかる意味で、その神を、人間を生み育ててくれた親として「親神」とも呼び、その親神は「元の神（もと）」（人間と世界を創めた神）であり、さらに「実の神（じつ）」（この世と生命のすべてを守護している神）であると教えています。

天理教信者にとって、幸之助氏による「根源の社」の意味合いは、天理教による「元の神」「実の神」の意味合いとも重なって見えるだろうと思います。親、さらにその親と先祖をたどってゆけば、遠い生命の根元にたどりつくはずで、天理教では、その始まりに親神の明確な意思や望み（人間の陽気ぐらし）があったと教えています。そして、親神がそれを実現するのではなく、当事者である人間が、まず親神の思いを知り、自ら陽気ぐらしを実践することで、親神がその方向へと導いていくという順序を示したのです。教祖中山みきが初期の信者に、「（人間である）子供の方から力を入

れて来たら、親も力を入れてやらにゃならん。これが天理や」とか、「(人間が力を入れれば) 神の方には倍の力や」などと諭したように、まずは人間の心がけと行動が起点となり、それを受け取って神が特別にはたらくという旨を伝えました。人間が神の望む方向へと自発的に心を定めて行動すれば、神は何倍もの大きな力を発揮して人間を大いに支援する〝親なる存在〟であるわけです。

以上、本章では、戦後に幸之助氏が語ったところと、天理教の教えに類似すると思われるところがあることを、断片的に見てきました。「類似」もさることながら、「相違」があることも見てきたつもりです。無論、本書で天理教の教えとして紹介した諸点にも、教祖中山みきのオリジナルもあれば、立教以前の宗教的知恵が含まれている可能性もあります。ただし、教祖は、古くからあって当時の世間一般に見られた数々の価値観の中から、いくつかの概念を用いて、天の理を説明し、人々に得心させる材料としたことも間違いありません。その意味では、本章で断片的に紹介した諸点が、幸之助氏が天理教を通じて知ったと断定しているわけではなく、「類似」として指摘したに過ぎません。今後のさらなる探究によって、松下幸之助氏の思想が成立するまでの系譜が明らかになることを期待しています。それによって、天理教の教えと幸之助哲学との関係も、より一層明確になるはずです。

第７章

松下電器の経営理念の独自性を考える

ここまで本書を書き進めてきた率直な感想としては、さらなる研究と検証が必要だということに尽きますが、一度締めくくっておかねばなりません。その締めくくりとして筆者の脳裏に浮かんできたのは、松下電器の経営理念の特殊性というものです。

幸之助氏が生涯変えずに持ち続けた信念は、昭和7年（1932年）の天理訪問後に定めた独自の「産業人の真使命」（理念）であると言ってよいと思います。だからこそ、その年を創業「命知元年」としていることを、本書で繰り返し述べてきました。幸之助氏は戦後、ＰＨＰ研究所での自らの研究を通じて、実に多様なテーマについて学習し研鑽（けんさん）を重ねたことは、氏の講演や著作の量を見れば容易に分かります。筆者は、この十年余り前から、馴染（なじ）みの研究者仲間とともに、日本国内外の諸企業の経営理念をテーマに、経営理念と経営実践との関係について継続的に研究を行い、その成果をいくつかの書籍にまとめてきました。その多少の知見から、松下電器の経営理念の特性と思うところを、次に示してみたいと思います。

「水道哲学」（＝目標）と「遵奉すべき七精神」（＝心がけ）

「経営の神様」と称された松下幸之助氏ですから、戦後に国内外の企業が松下電器を一つのお手本として仰いできたことも広く知られています。そして、その基本的な背景として松下電器の経営理念があるわけですが、その理念の内容については、それ以前もそれ以後も、他に例を見ない独自性があるように思われます。

すでに本書でふれてきたように、産業人としての真使命を事業の「目標」と定め、それを達成するための「心がけ」として、「遵奉すべき七精神」を制定しました。ここで、第2章で紹介した経営史家の中川敬一郎博士（1920－2007）に倣い、前者、つまり何のために事業を行うのかという目標を示すことを「経営理念」とし、その目標を実現するための心がけ、あるいは思想を「経営哲学」と区別して整理してみたいと思います。この区別が、松下電器の企業理念の独自性を考えるうえで有用だと思うからです。

社会一般では、この二つの用語の意味の区別は、曖昧なまま使用されているのが常です。しばしばビジネスのための「心得」や「心がけ」（経営哲学）だけが会社の理念やモットーとして掲げられ、何のために事業をするのかという「目標」（経営理念）については、松下電器ほど明確で具体的には語られてはいないように思われます。一方の松下電器は、「目標」と「心がけ」の両方を明確に打ち出している点が、まず特徴の一つとして注目に値すると思うのです。

さらに、幸之助氏が昭和7年に定めた、具体的な「目標」の中身を見ると、広く社会の「貧乏の克服」をするということですから、それはさながら慈善福祉団体が掲げるような目標であり、一般企業が掲げる目標としては少なからず違和感があります。「社会に貢献する」という程度の抽象的な用語で目標を掲げている企業はいくらでもあります。むしろ、そのような抽象性こそが一般的であるはずなのです。しかし、「貧乏の克服」などという目標を、利潤追求を旨とする一般企業の目標として制定したことは異例と言うしかありません。

この異例さを、別の視点、つまり「営利組織」と「非営利組織」の経営の相違という観点から眺めてみたいと思います。ここで参考になるのは、「経営学の神様」として知られる世界的に著名なアメリカの経営学者・社会学者ピーター・ドラッカー（1

909－2005）の、『非営利組織の経営』（1990）という著作です。非営利組織とは、たとえば病院、宗教組織、教育機関、NPOなどが考えられ、現代社会ではますます増えています。ドラッカーは、このような非営利組織もまた、人・モノ・カネ・情報を適切に運用しなければ継続できないという意味では、一般営利企業と同じく、適正な「マネジメント」、つまり経営が必要であると説いています。

しかし、非営利組織と一般企業の根本的に違う点は、一般企業は利潤・営利を追求すれば目標を達成していることになりますが、非営利組織は、それぞれの組織の営利目的ではない具体的な目標を設定しなければ存在意義が無いという点です。非営利団体には、それぞれの「目標」、つまり個別の経営理念が必要というのです。そして、ドラッカーは、非営利組織の共通点とは「人を変革することで役割を果たす」ことであると、分かりやすい表現で説明しています。「人に変化をもたらす」ために、人・モノ・カネ・情報がマネジメントされるのが非営利組織だというわけです。人をどのように変革するのかという、具体的な内容においては、それぞれの非営利組織によって異なります。たとえば、病院なら病人を健常者に「変える」目標があり、アルコール依存症患者を助けるＮＰＯなら、アルコールに依存しない人に「変える」ための活動を行い、宗教組織なら信仰を通じて個人の人生観や行動に「変化」をもたらし、場合によっては広く社会の「変革」をも志向しているはずです。いずれも「変えること」が共通のキーワードとなっており、どの方向に変えるのかが各非営利組織の「目標」（経営理念）となるのです。

このように整理してみると、松下電器の「貧乏の克服」（水道哲学）という「目標」は、まるで非営利組織の目標ではないかと思われるのではないでしょうか。貧乏で苦しむ人を、貧乏から解放して幸福を感じてもらうという目標は、まさに「人や社会を変革」していることになります。営利組織でありながら、非営利組織のような目標を掲げたことになるのです。ここにも松下電器の独自性があると筆者は考えます。天理を訪問した昭和7年以前にも、それ以後にも、日本の会社で「貧乏の克服」を具体的な目標に掲げた会社があるでしょうか。当時37歳の幸之助氏は、決して偽善ぶって、そのような目標を設定したわけではなく、真にそう信じ込み、その目標を達成するために努力することで、産業もまた〝聖なる事業〟になり得る、それが「産業人の真使命」であると考えたのです。

もう一点、関連して付け加えるならば、幸之助氏は、よく社員に対して「松下電器は何をつくるところかと尋ねられたら、松下電器は人をつくるところです。併せて電気器具もつくっております。こうお答えしなさい」と言っていたそうです。「人をつくる」ということ、ここにも「人の変化」が想定されています。では、どのような人をつくるのか。筆者の知る限りにおいては、「経営のできる人」が特に強調されているように思います。これは、会社の経営といった限定的な意味ではなく、各個人が自分自身の人生を「経営」、つまり立派な一社会人として役立つように自らをマネジメントしていくことも含んでいると考えられます。幸之助氏には『社員稼業』という著作もあり、たとえ一社員であっても、雇われ人という意識ではなく、「独立した事業を営む主人公であり経営者である」という気持ちで、与えられた仕事に取り組む人物に育つことを強く促しています。

このように、松下電器「内部の人（社員）」が変化・成長すること、つまり、この点でも「人の変化」に重きを置いたとすれば、ここにも「非営利組織」の特徴を見て取ることができます。すなわち、幸之助氏は、先述したように、会社外部の社会全般に対してだけでなく、会社の内部者に向けても、明確な方向に「人を変化させる」ことに重きを置く経営を考えたのが「命知元年」であったと言えないでしょうか。短く言えば、幸之助氏とは、会社の人も社会の人も変化させようとした経営者、という稀有な展望を持った人物であったということになります。

筆者の私見によれば、幸之助氏は、営利を目的としない天理教の組織的あり方が、むしろ人々が生き生きとしてひのきしんに励み、活況を呈している姿を目の当たりにして、営利組織に元来備わっていない別次元の活力の根源を、一宗教組織の姿の中に発見し、そのエッセンスを取り入れようとしたのではないかと推測するのです。企業では常識とされる営利追求だけでは、短期的・一時的には社員のモチベーションを高めることはできても、中長期的に高い士気を維持していく原理になるわけではないと、若き日の幸之助氏は、天理教の姿から気づきを得たのではないでしょうか。

「産業人の真使命」の内容と「遵奉すべき七精神」を通じて、営利団体と非営利団体を区別する「壁」を図らずも低くしたとも言えるのではないでしょうか。

以上のように考えたとき、筆者の脳裏には、専門とする文化人類学で学んだ「モラル・コミュニティー」という概念が思い浮かびました。モラル・コミュニティーというのは、個人においては、特定の国や地域によって、自分（たち）のモラルを、人間関係のどの範囲まで適用すればいいかをおおよそ決めている、という意味です。個人でも、家族とか身内とかには、自身の倫理観・道徳観をもって相対している一方で、「よそ者」にはとても冷たいという人もいます。あるいは、自分の損得勘定だけで、優しく対処する相手とそうでない相手を決めている場合もあります。自分の身内ではない外部のコミュニティーの人々には、騙してでも身内に利益をもたらし、身内で賞賛を得ればよい、という社会もあります。

諸宗教や高邁な倫理観などに見られる「博愛的な」精神とは、これとは逆に、どのような相手にも、同様の心をもって相対するという精神です。有名な伝統的な近江商人の倫理観は「三方よし」、つまり「売り手よし、買い手よし、世間よし」というもので、売る人も買う人も、さらには社会が広くよくなるような商売を心がける、というものだそうです。これなどは、モラル・コミュニティーを無限に拡大した考え方と言えるでしょう。

このような考え方を、松下幸之助氏の考え方に当てはめてみれば、やはり、会社の人も社会の人も、すべてが良くなるように、特に貧乏な人がいない社会になるように、というものですから、ここにもモラル・コミュニティーの無限の広がりが感じられます。

しかし、ここで一つ疑問が浮かんできます。「貧乏の克服」が目標であれば、一企業として営利を追求するという当たり前の目標と、どのように折り合いをつけるのでしょうか。そんな疑問を抱きながら、幸之助氏の著作物を読んでいくと、幸之助氏の「利潤」に対する特異な思考が目に留まりました。それは「適正価格」とか「適正利潤」という名で、後世にもよく知られるようになった考え方です。企業は営利組織ですから、利潤を考えるのは当然で、氏自身も、会社が赤字を出すようなことでは、社会のお役に立っていないという証拠であると罪悪視すらしています。しかしながら、決して世間一般的な通念に基づく価格設定や、野放図な利潤追求を考えていたわけではないことも、よく知られています。価格にも利潤にも、独自の明確な哲学を確立していました。それが「適正価格」「適正利潤」といった用語で語られている中身です。

ここでは、その哲学をつまびらかにすることが目的ではなく、また筆者が熟知しているわけでもないので、興味のある方は、幸之助氏の『実践経営哲学』などを参照していただきたいと思います。ただ、一つ言えることは、何より産業人の真使命を遂行し実現するための必要条件として、公明正大な基準に基づいて適正価格を決め、利潤を確保しなければならないという点です。やはり、「使命」という目標を基軸として、利潤の「適正さ」を考えていこうということです。

筆者の私見では、このような考え方を確立することで、松下電器を、営利組織であって非営利組織のようでもあるという、一見相容れない二つのものを可能な限り矛盾なく一つにしようとしているように思われるのです。現代社会では、企業とは、エゴイスティックな営利団体では存続できず、社会的責任を持つべき存在であると自覚するほうが、むしろ得策であるという考えが広く行き渡っているように思われますが、そのような考え方が一般的になるはるか以前に、時代に先んじて、幸之助氏は「企業は社会の公器」などの用語を使って、企業は社会的に貢献すべき存在として自覚するよう唱えていたのです。

以上、筆者のささやかな知見の中から感じたところを率直に書き並べてみました。十分すぎるほどの功成り名を遂げた後でさえ、天に召される94歳の高齢まで、37歳にして感得した産業人の真使命を追求し続けた松下幸之助という人物の足跡は、職種や性別、また国籍や年代層の違いを超えて、現在もお手本とされていることには確かな理由があると思います。

おわりに

　書き始めから随分長い道のりを経て、いよいよ校了というゴールが目前に迫ってきたころ、新型コロナウイルスというとんでもない〝伏兵〟が、日本ばかりでなく世界中を席巻（せっけん）し、人々をおののかせています。その渦中に、なんとも落ち着かぬ心持ちで、この「おわりに」の執筆と向き合っています。

　およそ100年前に、「スペイン風邪」と呼ばれるインフルエンザウイルスが猛威をふるい、世界で５億人の感染者と４千万人以上の死亡者が出て、日本でも２千300万人の感染者と38万人とも45万人ともいわれる犠牲者が出たといわれています。100年前の記憶を持つ体験者など、世界中にほぼいないでしょうから、今回はまさに誰も経験したことのない世界的重大局面と言えます。奇遇にも、スペイン風邪は１９１８年に発生したといいますから、松下幸之助氏が起業した年ということになります。想像を巡らせば、同年春、身内３人の小舟で大海へ漕（こ）ぎ出し、その年のうちにスペイン風邪の渦中に巻き込まれたはずですから、いま私たちが新型コロナ騒動で味わっている不安や恐怖を、幸之助氏自身も感じていたのではないでしょうか。

今回のコロナ騒ぎで人々が大いに困ったのは、「マスク」という、いかにもローテク（なじみの技術）の商品の大幅な不足でした。世界に誇る高度な技術があり、〝ものづくり大国〟を標榜する日本で、マスクが大量に足りなくなったと大騒ぎをしたのです。買い占めに走る人もいたとはいえ、その主な理由は、近年はマスクの国内需要のうちの8割が、中国などからの輸入に頼っていたことにあるようです。貿易に支障を来すと、たちまち大騒ぎに陥るほど脆い〝ものづくり大国〟、といっては自虐すぎる言い方かもしれません。しかし、これが今やすっかり定着している「ものづくりをグローバルにサプライチェーン化」した一つの帰結なのです。マスクの件は、現代の物資流通の象徴的な出来事として、後年しばしば映像などで振り返られるはずです。

思えば、幸之助氏が天理訪問を経て感得したという真使命とは、「水道哲学」（モノの大量生産による貧乏の克服）と呼ばれている内容であることを、本書で繰り返しふれてきました。その昭和初期の時代に比べて、現在の日本は格段に豊かになり、もはや「水道哲学」など古くさい理念であると、すでに20世紀の高度成長期時代からいわれてきたのではないでしょうか。それが突如、マスクごときで一夜にして慌てふためく日本の姿を見せつけられました。21世紀の今日、日本のような先進国でも、すべての人が貧乏から解放されたり、どんなときも必要なモノがすぐに手に入ったりするということは、ほど遠いのが現状でしょう。パナソニックが今日活動する世界200カ国近い国々では、貧困は至る所で見ることができます。デジタル産業が世界経済を席巻しても、依然としてモノづくりは大切であり、それがなければ生活は成り立ちません。産業人の真使命として幸之助氏が掲げた「水道哲学」は、今もこれからも、時代と場所に即した形で実現すべき哲学・理念ではないかと筆者は以前から思っていました。

この真使命を実現するための心得として、松下電器では「遵奉すべき七精神」が掲げられましたが、核心の「水道哲学」はあまり語られなくなって久しい感があります。一つの企業のことではなく、今あらためて「水道哲学」を思い起こすことで、この2020年に、「命知元年」を振り返る年としてもよいのではないか、いまだ実現していない「貧乏の克服」という壮大な夢に、幸之助氏とともに向き合ってみる元年にしてはどうか、などと考えた次第です。そして、それは同時に、天理教教祖中山みきの熱い思いであるとも言えるのではないかと考えます。

さて、筆者は数年前から、主に海外から奈良にやって来る留学生向けに「ナラロジー」という聞きなれぬ造語で、奈良についての講義を行っています。ナラロジーとは、言い換えると「グローバル化時代の奈良研究」と称しているもので、奈良で過去から現在にかけて起こってきたことをグローバルな視点から眺めてみようではないか、というほどの意味です。そのグローバルという用語の意味の一つとして、やはり「越境」、つまり地理的な意味での境界ばかりでなく、人間が常識的に分類している領域を超越して、現実社会は既存の分野・領域を超えて相互に影響しているはずであるという視点を重視しています。そのような視点から見れば、本書で扱っているテーマは、「産業界」と「宗教界」という本来別々の領域とされてきたことの中にも、濃淡の影響関係があり、しかもそれが（奈良の）天理に深く関わることであれば、本書も、れっきとした「ナラロジー」研究の一事例と見なすことができると考えます。

本書の冒頭にも書いたように、筆者は、松下幸之助のような誰もが知る歴史的人物について何かを書き残そうなどと夢にも思いませんでした。理由は単純で、いまさら何かを書き残さなくとも、すでに多くの優れた先行研究があるからでした。しかし、結果として、ささやかでも本書を世に問いかけることになったのは、やはり昭和7年の「松下幸之助」と「天理教」の接点については、幸之助氏や松下電器の歴史にとっても一大転機として認識されてきていながらも、既存の著作などでは十分に扱われているとはいえないことを数年前から感じるようになっていたことと、知人で道友社の松本泰歳氏から、10年以上も前から、このテーマで何か書いてもらえませんかと言われてもきっぱりと断っていましたが、時おり遭遇するたびに「あきらめていませんよ」などと何年間も囁(ささや)かれ続けてきたことが、何かの〝まじない〟になっていたのかもしれません。

いよいよ本格的に、時間を見つけて調べ、執筆を開始したわけですが、ある程度のアイデアはあっても、どのように書き、1冊の本として構成していけばよいかと頭を抱え、何度も書き直しました。一応の原稿が出来上がった後も、先の松本氏と、さらに道友社の岡島藤也氏が加わり、3人でこの2年余り、私の原稿を囲んで毎月のように顔を合わせては話し合い、推敲（すいこう）を重ねてきました。本書で書かれた内容については、筆者である私にすべての責任がありますが、このお二人の献身なくしては、本書が世に出たかどうか分からなかったでしょう。

このようにして製作された本書は、もちろん学術書ではないにしろ、想像や憶測だけの物語でもなく、一研究者が根拠を示して書き進めた教養書のようなものを心がけたつもりです。同時に、本書で扱ったテーマが、本書によってすべて語り尽くされたわけでもなく、これほど時間を費やしながらも、書ききったという実感はありません。しかし、ひとまずここまでたどり着けたのは、先のお二人の常識を超えた協力をはじめとする多くの方々の直接間接のご支援のおかげと、感謝しかありません。ここに謝意を表明したいと思います。

２０２０年「緊急事態宣言」下の５月

住原則也

住原則也（すみはら・のりや）
1957年生まれ。神戸大学文学部卒業。ニューヨーク大学大学院博士課程修了（文化人類学博士、PhD）。天理大学国際学部教授。国立民族学博物館共同研究員、Anthropology of Japan in Japan 学会長（2012〜18）、公益財団法人松下社会科学振興財団理事（2010〜19）など歴任。
本書に関連の著書に、『グローバル化のなかの宗教――文化的影響・ネットワーク・ナラロジー』（編著、世界思想社）、『経営理念――継承と伝播の経営人類学的研究』（共編著、PHP）、『会社のなかの宗教――経営人類学の視点』（分担執筆、東方出版）、『アジア企業の経営理念――生成・伝播・継承のダイナミズム』（分担執筆、文眞堂）、『経営と宗教――メタ理念の諸相』（編著、東方出版）、『Enterprise as an Instrument of Civilization――An Anthropological Approach to Business Administration』（分担執筆、Springer）、『企業経営のエスノグラフィ』（分担執筆、東方出版）、など。

命知（めいち）と天理（てんり）
青年実業家・松下幸之助は何を見たのか

2020年8月1日　初版第1刷発行
2021年1月26日　初版第2刷発行

著　者　住 原 則 也

発行所　天理教道友社
〒632-8686　奈良県天理市三島町1番地1
電話　0743（62）5388
振替　00900-7-10367

印刷所　株式会社天理時報社
〒632-0083　奈良県天理市稲葉町80

ISBN978-4-8073-0635-0
定価はカバーに表示